I0781903

Descobrindo a Si Mesmo:
Autoconhecimento
e
" Cura "

Daniel Nascimento

autor

"Descobrindo a Si Mesmo: Um Guia de Autoconhecimento e Cura", escrito por Daniel Nascimento, um psicanalista bacharelando em psicologia pelo Centro Universitário Estácio da Bahia, é uma jornada profunda em direção ao autoconhecimento e à cura emocional. Com uma abordagem leve e fluida, o autor explora temas como a projeção do eu real e eu ideal, a somatização de sintomas físicos, a dependência emocional, a ansiedade e a depressão, oferecendo dicas práticas de prevenção e destacando a importância da psicoterapia. Daniel Nascimento é conhecido por sua habilidade em escrever livros que abordam questões psicológicas de forma acessível, incluindo títulos como "Tornando-se Consciente: Nutrição Comportamental" e "Caminhando Juntos: Um Guia para Pais de Autistas baseado na TCC", entre outros. Com este livro, ele guia os leitores em uma jornada de autodescoberta, incentivando-os a abraçar quem realmente são e a encontrar paz e equilíbrio em suas vidas.

Instagram: @psi_danielnascimento

Capítulos:

Este livro visa proporcionar uma leitura leve, fluida e enriquecedora, abordando questões profundas da psicanálise de maneira acessível e prática para o leitor contemporâneo.

Capítulo 1:

Introdução: O Caminho para o Autoconhecimento

Capítulo 1: Introdução: O Caminho para o Autoconhecimento

Vivemos em um mundo acelerado, onde as demandas diárias e as expectativas sociais nos pressionam constantemente. Nesse cenário, encontrar tempo e espaço para refletir sobre quem realmente somos pode parecer um luxo, quando, na verdade, é uma necessidade. O autoconhecimento é a chave para uma vida equilibrada, autêntica e satisfatória. Ele nos permite entender nossas emoções, pensamentos e comportamentos, capacitando-nos a fazer escolhas mais conscientes e alinhadas com nossos verdadeiros desejos e valores.

Mas o que exatamente é o autoconhecimento? Em termos simples, é a compreensão profunda de si mesmo, incluindo suas qualidades, defeitos, crenças, valores, motivações e emoções. É um processo contínuo, que exige honestidade, coragem e vontade de enfrentar nossas próprias verdades, muitas vezes desconfortáveis. O caminho do autoconhecimento é pessoal e único para cada indivíduo, mas os benefícios que ele traz são universais: maior clareza, paz interior, relacionamentos mais saudáveis e uma vida mais plena.

Para muitos,o caminho do autoconhecimento começa com uma crise ou um momento de profundo desconforto. Pode ser um término de relacionamento, a perda de um emprego, uma crise existencial ou até mesmo um estado persistente de insatisfação com a vida. Esses momentos de dificuldade nos forçam a olhar para dentro, questionar nossas escolhas e buscar respostas que não encontramos no mundo externo. É como se a vida nos desse um empurrão na direção do nosso verdadeiro eu, mesmo que isso inicialmente pareça doloroso e confuso.

Uma ferramenta fundamental nessa jornada é a introspecção. Dedicar tempo para refletir sobre nossas experiências, emoções e comportamentos é essencial para construir uma compreensão mais profunda de nós mesmos. Isso pode ser feito através de práticas como a meditação, a escrita em diário, a terapia ou simplesmente momentos de silêncio e contemplação. A introspecção nos ajuda a identificar padrões, reconhecer nossas verdadeiras motivações e desenvolver uma maior consciência sobre quem somos.

Além da introspecção, a autoaceitação desempenha um papel crucial no autoconhecimento. Aceitar-se plenamente, com todas as qualidades e defeitos, é libertador. Muitas vezes, somos nossos piores críticos, impondo padrões impossíveis e nos punindo por não alcançá-los. A autoaceitação nos permite abraçar nossa humanidade e imperfeições, promovendo uma relação mais gentil e compassiva conosco mesmos.

No entanto, o autoconhecimento não é um destino final, mas uma jornada contínua. À medida que crescemos e evoluímos, novas camadas de nós mesmos são reveladas. É um processo dinâmico, que exige flexibilidade e abertura para mudar e se adaptar. Cada experiência de vida, seja positiva ou negativa, oferece uma oportunidade de aprendizado e crescimento pessoal.

Outra peça essencial neste quebra-cabeça é a autenticidade. Ser autêntico significa viver de acordo com nossos verdadeiros valores e crenças, em vez de nos moldarmos às expectativas dos outros. Isso requer coragem, especialmente em uma sociedade que muitas vezes valoriza a conformidade. No entanto, viver autenticamente é a única maneira de experimentar uma verdadeira sensação de realização e paz interior.

Neste livro, exploraremos várias dimensões do autoconhecimento, abordando temas como a projeção do eu real e ideal, a somatização de sintomas físicos, dependência emocional, ansiedade, depressão e a importância da psicoterapia. Cada capítulo fornecerá *insights* e ferramentas práticas para ajudar você a se aprofundar na sua jornada de autodescoberta e "cura".

Ao longo desta leitura, encorajo você a se aproximar de si mesmo com curiosidade e compaixão. Permita-se explorar suas profundezas, enfrentar seus medos e celebrar suas vitórias. O caminho do autoconhecimento é repleto de desafios, mas também de recompensas imensuráveis. Bem-vindo à sua jornada de descoberta e transformação.

Capítulo 2:

Eu Real vs. Eu Ideal: Entendendo a Dualidade

Capítulo 2: Eu Real vs. Eu Ideal: Entendendo a Dualidade

No coração do autoconhecimento reside a compreensão da dualidade entre o Eu Real e o Eu Ideal. Estas duas facetas da nossa identidade frequentemente entram em conflito, gerando tensão interna e insatisfação. Mas o que exatamente são o Eu Real e o Eu Ideal? E como podemos harmonizá-los para alcançar uma vida mais equilibrada e autêntica?

O Eu Real: Quem Somos de Verdade

O Eu Real é a soma de todas as nossas experiências, pensamentos, sentimentos, comportamentos e características que nos definem no presente. Ele inclui nossas qualidades, defeitos, habilidades, crenças e valores. É quem somos na essência, sem máscaras ou pretensões. O Eu Real é formado ao longo do tempo, influenciado por nossas interações com o mundo e nossas reflexões internas.

Reconhecer o Eu Real envolve uma dose significativa de autoaceitação. Muitas vezes, temos dificuldade em aceitar certas partes de nós mesmos porque elas não correspondem às expectativas que temos ou que os outros têm de nós. No entanto, ignorar ou rejeitar aspectos do nosso Eu Real pode levar a uma vida de constante dissonância e frustração. Aceitar quem somos, com todas as nossas imperfeições, é o primeiro passo para viver de forma autêntica.

O Eu Ideal: Quem Desejamos Ser

O Eu Ideal, por outro lado, é a representação de quem aspiramos ser. É uma construção mental que reflete nossas aspirações, objetivos e a imagem perfeita que temos de nós mesmos. Esse ideal é moldado por influências externas, como a sociedade, a cultura, a família e os amigos, assim como por nossas próprias ambições e desejos.

Ter um Eu Ideal não é algo intrinsecamente negativo. Ele pode nos motivar a crescer, melhorar e alcançar nossos objetivos. No entanto, problemas surgem quando a distância entre o Eu Real e o Eu Ideal se torna grande demais. Essa discrepância pode gerar sentimentos de inadequação, insatisfação e baixa autoestima. Em vez de ser uma fonte de motivação, o Eu Ideal pode se transformar em um padrão inatingível, levando à frustração e à autoavaliação negativa.

A Discrepância entre o Eu Real e o Eu Ideal

Quando existe uma grande diferença entre o Eu Real e o Eu Ideal, entramos em um estado de constante insatisfação. Sentimos que nunca somos "bons o suficiente" e que sempre estamos aquém de nossas próprias expectativas. Esse sentimento de inadequação pode manifestar-se de diversas formas, como ansiedade, depressão, baixa autoestima e até sintomas físicos de estresse.

Um exemplo comum dessa discrepância pode ser visto na maneira como nos comparamos aos outros. Em uma era de redes sociais, somos constantemente bombardeados com imagens de vidas aparentemente perfeitas. Essas comparações podem exacerbar a distância entre nosso Eu Real e o Eu Ideal, fazendo-nos sentir insuficientes e desencadeando uma espiral de autocrítica.

A Integração do Eu Real e do Eu Ideal:

O objetivo do autoconhecimento é integrar o Eu Real e o Eu Ideal de maneira harmoniosa. Isso não significa abandonar nossas aspirações, mas sim ajustá-las para que sejam realistas e alcançáveis. Aqui estão alguns passos para facilitar essa integração:

1. Autoaceitação:

- Reconheça e aceite seu Eu Real. Isso inclui abraçar suas forças e aceitar suas fraquezas. A autocompaixão é crucial nesse processo. Trate-se com a mesma gentileza e compreensão que você ofereceria a um amigo querido.

2. Reavaliação do Eu Ideal:

- Reexamine seu Eu Ideal. Pergunte-se se suas expectativas são realistas e se refletem verdadeiramente seus próprios desejos ou se foram impostas por influências externas. Ajuste suas metas para que sejam alcançáveis e alinhadas com seus valores.

3. Foco no Progresso, Não na Perfeição:

- Em vez de perseguir a perfeição, concentre-se no progresso. Pequenos passos na direção certa são mais sustentáveis e recompensadores do que buscar um ideal inalcançável.

4. Estabelecimento de Metas Realistas:

- Defina metas claras e realistas que reflitam suas capacidades e circunstâncias atuais. Celebrar pequenas conquistas pode ajudar a construir confiança e motivação.

5. Desenvolvimento de uma Mentalidade Flexível:

- Seja flexível e aberto a mudanças. À medida que você cresce e evolui, seu Eu Ideal também pode mudar. Esteja disposto a ajustar suas aspirações conforme necessário.

6. Busca de Apoio Profissional:

- A terapia pode ser uma ferramenta valiosa para explorar a discrepância entre o Eu Real e o Eu Ideal. Um terapeuta pode ajudar a identificar padrões de pensamento autocríticos e trabalhar na construção de uma autoimagem mais positiva.

O Impacto da Integração

Quando conseguimos integrar o Eu Real e o Eu Ideal, experimentamos uma maior sensação de paz interior e satisfação. Isso não significa que todos os nossos problemas desaparecem, mas que estamos mais equipados para lidar com eles de forma saudável e construtiva. A aceitação de nós mesmos nos permite viver de maneira mais autêntica, sem a constante pressão de atender a expectativas irreais.

A integração também melhora nossos relacionamentos. Quando somos autênticos, atraímos pessoas que nos aceitam e nos valorizam por quem realmente somos. Isso cria vínculos mais profundos e genuínos, baseados na aceitação mútua e no respeito.

Exercícios Práticos para Integrar o Eu Real e o Eu Ideal

1. Diário de Autoexploração:

- Escreva regularmente sobre suas experiências, sentimentos e reflexões. Use o diário como uma ferramenta para explorar quem você é e quem deseja ser. Identifique padrões e áreas onde o Eu Real e o Eu Ideal se desalinham.

2. Meditação e *Mindfulness*:

- Pratique a meditação e o *mindfulness* para aumentar sua consciência sobre seus pensamentos e emoções. Essas práticas ajudam a desenvolver uma maior aceitação e compreensão de si mesmo.

3. *Feedback* Construtivo:

- Busque *feedback* de pessoas de confiança sobre suas forças e áreas de crescimento. Isso pode oferecer uma perspectiva externa valiosa e ajudar a alinhar seu Eu Real com seu Eu Ideal de maneira mais realista.

4. Desenvolvimento de Habilidades:

- Identifique áreas em que deseja melhorar e busque oportunidades de desenvolvimento. Cursos, *workshops* e leituras podem ser ótimas maneiras de adquirir novas habilidades e aproximar-se de seu Eu Ideal de maneira prática e tangível.

5. Visualização Positiva:

- Use técnicas de visualização para imaginar-se atingindo suas metas de maneira positiva e realista. Visualizar o sucesso pode aumentar sua motivação e confiança.

Conclusão

A jornada de integrar o Eu Real e o Eu Ideal é contínua e dinâmica. Envolve uma exploração profunda e uma disposição para aceitar a si mesmo em toda a sua complexidade. Ao harmonizar essas duas facetas de nossa identidade, não só alcançamos uma vida mais autêntica e satisfatória, mas também construímos uma base sólida para o crescimento pessoal e emocional.

Ao longo deste livro, continuaremos a explorar maneiras de entender e melhorar nossa relação com o Eu Real e o Eu Ideal, abordando temas como somatização de sintomas físicos, dependência emocional, ansiedade, depressão e a importância da psicoterapia. Cada capítulo oferecerá *insights* e ferramentas práticas para ajudar você a se aprofundar na sua jornada de autodescoberta e cura. Juntos, descobriremos como viver de forma mais plena, equilibrada e verdadeira, aceitando quem somos enquanto buscamos quem desejamos ser

Capítulo 3:

O Espelho da Projeção: Enxergando o Verdadeiro Eu

Capítulo 3: O Espelho da Projeção: Enxergando o Verdadeiro Eu

A projeção é um dos mecanismos de defesa mais fascinantes e, ao mesmo tempo, desafiadores que a mente humana utiliza. Compreender esse fenômeno é crucial no caminho do autoconhecimento, pois ele nos oferece um espelho através do qual podemos enxergar aspectos ocultos de nós mesmos. Neste capítulo, vamos explorar o que é a projeção, como ela se manifesta em nossas vidas e como podemos usar esse conhecimento para aprofundar nossa compreensão do Eu Real.

O Que é a Projeção?

Na psicanálise, a projeção é um mecanismo de defesa inconsciente pelo qual atribuímos nossos próprios pensamentos, sentimentos e motivos inaceitáveis a outras pessoas. Em outras palavras, projetamos em outros o que não conseguimos aceitar em nós mesmos. Esse processo permite que mantenhamos uma autoimagem positiva ao deslocar a responsabilidade ou a culpa para fora de nós.

Por exemplo, se uma pessoa sente raiva, mas não consegue admitir esse sentimento, ela pode acreditar que os outros estão com raiva dela. Da mesma forma, alguém que se sente inseguro pode projetar essa insegurança, acusando outros de serem incompetentes ou inseguros. A projeção pode ocorrer em várias áreas da vida, incluindo relacionamentos pessoais, ambiente de trabalho e interações sociais.

Como a Projeção se Manifesta?

A projeção pode se manifestar de várias maneiras sutis e, às vezes, evidentes. Aqui estão algumas formas comuns:

1. Crítica Excessiva:

- Quando criticamos constantemente os outros, pode ser um sinal de que estamos projetando nossas próprias falhas e inseguranças. Ao focar nos defeitos alheios, evitamos confrontar os nossos próprios.

2. Culpa e Responsabilidade:

- Atribuir culpa aos outros por problemas e desafios que enfrentamos pode ser uma forma de projetar nossa própria responsabilidade e evitar a introspecção necessária para resolver essas questões.

3. Ciúmes e Inveja:

- Sentimentos de ciúmes e inveja frequentemente refletem nossas próprias inseguranças e desejos não realizados. Projetamos esses sentimentos em outras pessoas ao invés de reconhecer nossas próprias carências.

4. Idealização e Desvalorização:

- Alternar entre idealizar e desvalorizar os outros pode indicar projeção. Ao idealizar, projetamos nossas aspirações e qualidades desejadas em outra pessoa. Quando desvalorizamos, projetamos nossas próprias falhas e sentimentos de inadequação.

5. Preconceitos e Estereótipos:

- Preconceitos podem ser uma forma de projeção em que atribuimos características negativas a grupos de pessoas para evitar reconhecer essas características em nós mesmos.

Reconhecendo a Projeção em Si Mesmo

Identificar quando estamos projetando pode ser desafiador, pois esse é um processo inconsciente. No entanto, com prática e autocompaixão, podemos nos tornar mais conscientes de nossas projeções. Aqui estão algumas estratégias para reconhecer a projeção em si mesmo:

1. Autoconsciência:

- Pratique a autoconsciência observando seus pensamentos e reações. Pergunte-se se suas respostas emocionais aos outros são proporcionais à situação ou se podem estar refletindo algo sobre você mesmo.

2. *Feedback* de Confiança:

- Busque *feedback* de pessoas de confiança que possam oferecer uma perspectiva externa sobre seu comportamento e atitudes. Este *feedback* pode ajudá-lo a identificar áreas onde você pode estar projetando.

3. Reflexão e Autoanálise:

- Reserve um tempo para refletir sobre suas interações com os outros. Pergunte-se se as críticas ou sentimentos negativos que você tem sobre os outros podem estar refletindo suas próprias inseguranças ou desejos não realizados.

4. Jornal da Projeção:

- Mantenha um diário onde você registra situações em que se sentiu particularmente crítico ou emocional em relação a outra pessoa. Reflita sobre essas situações e considere se seus sentimentos podem estar relacionados a algo dentro de você.

Utilizando a Projeção para o Autoconhecimento

Uma vez que começamos a reconhecer nossas projeções, podemos usar essa compreensão para aprofundar nosso autoconhecimento. A projeção, em vez de ser vista apenas como uma defesa negativa, pode ser um portal para descobrir aspectos ocultos de nosso Eu Real. Aqui estão algumas maneiras de utilizar a projeção para o autoconhecimento:

1. Exploração das Projeções:

- Quando identificar uma projeção, pergunte-se o que ela revela sobre você. Que aspectos de si mesmo você está tentando evitar ou esconder? Essa reflexão pode levar a *insights* valiosos sobre suas próprias motivações e medos.

2. Desenvolvimento da Autocompaixão:

- Aceite que todos têm falhas e sentimentos difíceis. Ao reconhecer suas próprias projeções, trate-se com compaixão e compreensão. Isso facilita a aceitação e a integração de aspectos de si mesmo que antes eram reprimidos.

3. Integração de Aspectos Ocultos:

- Trabalhe para integrar os aspectos de si mesmo que foram projetados. Isso pode envolver reconhecer e aceitar sentimentos de raiva, insegurança ou inadequação, e trabalhar para desenvolver uma autoimagem mais completa e autêntica.

4. Diálogo Interno:

- Envolva-se em um diálogo interno honesto sobre suas projeções. Pergunte-se por que certos sentimentos ou comportamentos são difíceis de aceitar e como você pode começar a integrar esses aspectos em sua autoimagem.

O Impacto da Projeção nos Relacionamentos

A projeção pode ter um impacto significativo em nossos relacionamentos. Quando projetamos, não vemos os outros como eles realmente são, mas como extensões de nós mesmos. Isso pode levar a mal-entendidos, conflitos e distanciamento. Ao reconhecer e trabalhar nossas projeções, podemos melhorar a qualidade de nossos relacionamentos de várias maneiras:

1. Empatia e Compreensão:

- Ao entender que nossas reações aos outros podem ser reflexos de nós mesmos, desenvolvemos mais empatia e compreensão. Isso nos permite responder de maneira mais compassiva e menos reativa.

2. Comunicação Aberta:

- Estar ciente de nossas projeções nos ajuda a comunicar nossos sentimentos e necessidades de maneira mais clara e honesta. Podemos compartilhar nossas vulnerabilidades em vez de culpar ou criticar os outros.

3. Redução de Conflitos:

- Muitos conflitos interpessoais resultam de projeções mútuas. Ao reconhecer e trabalhar nossas próprias projeções, podemos reduzir a frequência e a intensidade desses conflitos, promovendo relações mais harmoniosas.

4. Autenticidade:

- Trabalhar nossas projeções nos permite ser mais autênticos em nossos relacionamentos. Quando aceitamos plenamente quem somos, podemos nos conectar com os outros de maneira mais genuína e verdadeira.

Exercícios Práticos para Trabalhar Projeções

Aqui estão alguns exercícios práticos que você pode fazer para identificar e trabalhar suas projeções:

1. Diário Reflexivo:

- Mantenha um diário onde você escreve sobre situações em que se sentiu crítico ou emocional em relação a outra pessoa. Reflita sobre o que esses sentimentos podem revelar sobre você. Pergunte-se: "O que essa reação diz sobre mim?"

2. Meditação de Autoconhecimento:

- Pratique meditação focada no autoconhecimento. Durante a meditação, observe seus pensamentos e emoções sem julgamento. Quando notar críticas ou julgamentos sobre os outros, pergunte-se como esses pensamentos podem refletir aspectos de você mesmo.

3. Exercício de Espelho:

- Olhe-se no espelho e fale consigo mesmo como se estivesse falando com um amigo. Expresse suas críticas e elogios. Reflita sobre como essas palavras podem ser projeções de seus próprios sentimentos internos.

4. Diálogo Interno Compassivo:

- Envolva-se em um diálogo interno onde você questiona suas projeções com compaixão. Pergunte-se por que certos sentimentos ou comportamentos são difíceis de aceitar e como você pode começar a integrar esses aspectos em sua autoimagem.

5. Busca de *Feedback*:

- Peça *feedback* honesto a pessoas de confiança sobre suas atitudes e comportamentos. Use esse *feedback* para refletir sobre áreas onde você pode estar projetando seus próprios sentimentos e necessidades.

Conclusão

A projeção é uma ferramenta poderosa para o autoconhecimento quando reconhecida e trabalhada conscientemente. Ela nos oferece um espelho através do qual podemos enxergar aspectos ocultos de nós mesmos, promovendo uma maior compreensão e aceitação do Eu Real. Ao integrar essas partes projetadas de nossa psique, não só nos tornamos mais completos e autênticos, mas também melhoramos a qualidade de nossos relacionamentos e nosso bem-estar emocional.

Neste capítulo, exploramos a natureza da projeção, como ela se manifesta e como podemos utilizá-la para nosso crescimento pessoal. Nos próximos capítulos, continuaremos a aprofundar nossa jornada de autoconhecimento, abordando temas como a somatização de sintomas físicos, a dependência emocional, a ansiedade, a depressão e a importância da psicoterapia. Cada passo dessa jornada nos aproxima mais de um entendimento pleno de quem somos e de quem podemos nos tornar.

Capítulo 4:

Somatização: Quando a Mente Fala Através do Corpo

Capítulo 4: Somatização: Quando a Mente Fala Através do Corpo

A relação entre mente e corpo é intrincada e profunda, e uma das manifestações mais intrigantes dessa conexão é a somatização. Somatização refere-se ao processo pelo qual emoções e estresses psicológicos se expressam como sintomas físicos. Neste capítulo, exploraremos como e por que a somatização ocorre, os tipos de sintomas que podem surgir e, mais importante, como podemos identificar e abordar essas manifestações físicas para promover uma melhor saúde mental e corporal

O Que é Somatização?

A somatização é um fenômeno em que conflitos e tensões psicológicas se traduzem em sintomas físicos. Esse processo pode envolver uma ampla gama de sintomas, desde dores e desconfortos até condições mais complexas como problemas gastrointestinais ou distúrbios dermatológicos. É essencial entender que os sintomas físicos resultantes da somatização não são "imaginários" ou "falsos"; eles são reais e podem causar sofrimento significativo.

O corpo e a mente estão em constante comunicação. Quando enfrentamos estresse, ansiedade ou outras dificuldades emocionais, o corpo pode reagir de várias maneiras. A somatização ocorre quando essa comunicação resulta em sintomas físicos tangíveis. É uma maneira do corpo dizer que algo está errado a nível emocional ou psicológico, sinalizando a necessidade de atenção e cuidado.

Como a Somatização se Manifesta?

A somatização pode se manifestar de várias formas, dependendo da pessoa e da natureza do estresse ou conflito subjacente. Aqui estão alguns exemplos comuns:

1. Dores de Cabeça e Enxaquecas:

- Dores de cabeça são frequentemente associadas ao estresse e à tensão. A enxaqueca, em particular, pode ser desencadeada por fatores emocionais, como ansiedade ou depressão.

2. Problemas Gastrointestinais:

- Sintomas como dor abdominal, diarreia, constipação e síndrome do intestino irritável podem estar relacionados a estresse emocional. O sistema digestivo é altamente sensível às emoções.

3. Dores Musculares e Tensionais:

- Tensão emocional pode resultar em dores musculares, especialmente no pescoço, ombros e costas. O corpo frequentemente retém estresse nesses músculos, causando dor e desconforto.

4. Distúrbios Dermatológicos:

- Condições como eczema, psoríase e acne podem ser exacerbadas pelo estresse emocional. A pele, sendo um dos maiores órgãos do corpo, muitas vezes reflete o estado interno do indivíduo.

5. Problemas Respiratórios:

- Ansiedade pode levar a sintomas respiratórios como dificuldade para respirar, sensação de sufocamento e hiperventilação. Esses sintomas são comuns em ataques de pânico.

6. Problemas Cardiovasculares:

- Estresse crônico pode contribuir para hipertensão, palpitações e outros problemas cardíacos. A conexão entre saúde mental e cardiovascular é bem documentada.

Por Que a Somatização Ocorre?

A somatização ocorre por várias razões, muitas das quais estão enraizadas na forma como lidamos com emoções e estresse. Aqui estão alguns fatores que contribuem para a somatização:

1. Repressão de Emoções:

- Quando emoções como raiva, tristeza ou medo são reprimidas em vez de expressas, elas podem se manifestar fisicamente. O corpo encontra maneiras de liberar essa energia emocional não expressa.

2. Fatores Culturais e Sociais:

- Em algumas culturas, expressar sofrimento emocional pode ser estigmatizado. As pessoas podem inconscientemente traduzir seu sofrimento psicológico em sintomas físicos mais aceitáveis socialmente.

3. **Traumas Passados:**

- Experiências traumáticas, especialmente na infância, podem deixar marcas duradouras na psique. A somatização pode ser uma forma de reviver e processar esses traumas não resolvidos.

4. Desconexão Corpo-Mente:

- Muitas pessoas não estão sintonizadas com suas emoções ou com a conexão entre mente e corpo. Essa desconexão pode levar a uma maior incidência de somatização, pois o corpo tenta comunicar o que a mente ignora.

5. Mecanismos de Defesa Psicológicos:

- Mecanismos de defesa como a negação e a dissociação podem impedir que as pessoas reconheçam e lidem com seu sofrimento emocional, resultando em sintomas físicos.

Identificando a Somatização

Reconhecer a somatização pode ser desafiador, pois os sintomas físicos são reais e podem ter causas médicas subjacentes. No entanto, existem algumas pistas que podem indicar que os sintomas físicos têm uma componente emocional ou psicológica:

1. Sintomas Persistentes sem Causa Médica Clara:

- Quando exames e testes médicos não conseguem encontrar uma causa física para os sintomas, pode ser útil considerar uma origem psicossomática.

2. Histórico de Estresse ou Trauma:

- Um histórico de eventos estressantes ou traumáticos pode ser um indicativo de que os sintomas físicos estão relacionados a questões emocionais.

3. Sintomas que Pioram com o Estresse:

- Se os sintomas físicos tendem a piorar durante períodos de estresse emocional, isso pode ser um sinal de somatização.

4. Mudança de Sintomas:

- A somatização pode envolver uma mudança de sintomas ao longo do tempo. Por exemplo, uma pessoa pode inicialmente experimentar dores de cabeça, que depois se transformam em problemas digestivos.

Abordando a Somatização

Uma abordagem eficaz para lidar com a somatização envolve tratar tanto os sintomas físicos quanto as causas emocionais subjacentes. Aqui estão algumas estratégias:

1. Psicoterapia:

- A terapia, especialmente a terapia cognitivo-comportamental (TCC) e as terapias psicodinâmicas como a psicanálise , podem ajudar a identificar e processar emoções reprimidas e traumas passados. A psicoterapia é uma ferramenta poderosa para explorar a conexão entre mente e corpo.

2. *Mindfulness* e Meditação:

- Práticas de *mindfulness* e meditação ajudam a aumentar a consciência corporal e emocional. Elas ensinam a estar presente e a reconhecer as emoções à medida que surgem, reduzindo a tendência de somatizar.

3. Exercício Físico:

- A atividade física regular ajuda a liberar tensões acumuladas no corpo. Exercícios como ioga, tai chi e caminhadas podem ser particularmente benéficos para reduzir o estresse e melhorar a saúde geral.

4. Expressão Criativa:

- Atividades criativas como escrever, pintar ou tocar música podem ser formas poderosas de expressar emoções reprimidas. A criatividade oferece uma saída saudável para o processamento emocional.

5. Terapias Corporais:

- Terapias como massagem, acupuntura e técnicas de liberação miofascial podem ajudar a aliviar a tensão física acumulada e promover a conexão mente-corpo.

6. Autocuidado e Bem-estar:

- Praticar o autocuidado regular, incluindo uma alimentação saudável, sono adequado e atividades relaxantes, é crucial para manter um equilíbrio emocional e físico.

Estudos de Caso: Somatização na Vida Real

Para ilustrar como a somatização pode se manifestar e ser tratada, vamos examinar dois estudos de caso:

Estudo de Caso 1: Maria

Maria é uma mulher de 35 anos que começou a experimentar dores de estômago constantes. Depois de passar por vários exames médicos, nenhum problema físico foi encontrado. Maria percebeu que suas dores pioravam durante períodos de estresse no trabalho. Em terapia, ela explorou sentimentos de ansiedade e insegurança relacionados ao seu desempenho profissional. Através de técnicas de *mindfulness* e sessões de terapia regular, Maria aprendeu a reconhecer e gerenciar seu estresse, resultando na diminuição significativa de seus sintomas físicos.

Estudo de Caso 2: João

João, um homem de 45 anos, frequentemente sofria de dores nas costas e no pescoço. Ele consultou diversos especialistas, mas os tratamentos convencionais não proporcionaram alívio duradouro. Durante sessões de psicoterapia, João revelou um histórico de trauma na infância e sentimentos reprimidos de raiva. Trabalhando com seu terapeuta, ele começou a processar essas emoções e a praticar exercícios de alongamento e ioga para liberar a tensão física. Com o tempo, suas dores começaram a diminuir.

A Importância da Conexão Mente-Corpo

Entender a somatização nos lembra da importância da conexão mente-corpo. Nossa saúde mental e emocional está intrinsecamente ligada ao nosso bem-estar físico. Ignorar essa conexão pode levar a uma compreensão incompleta de nossos problemas de saúde e a soluções inadequadas. Reconhecer e abordar a somatização é um passo vital para alcançar um estado de equilíbrio e bem-estar integral.

A integração de práticas que promovem essa conexão, como a terapia, o *mindfulness* e a atividade física, pode transformar não apenas nossa saúde física, mas também nossa qualidade de vida emocional e psicológica. Ao ouvirmos e respeitarmos os sinais que nosso corpo nos dá, podemos começar a tratar a raiz de nossos problemas e não apenas os sintomas superficiais.

Conclusão

A somatização é uma manifestação poderosa da ligação entre mente e corpo. Entender e abordar essa conexão pode transformar nossa abordagem à saúde e ao bem-estar. Ao reconhecermos os sinais que nosso corpo nos dá e ao explorarmos as emoções e traumas subjacentes, podemos promover uma cura mais profunda e duradoura.

Neste capítulo, exploramos a natureza da somatização

Capítulo 5: Dependência Emocional: Laços que Aprisionam

Capítulo 5: Dependência Emocional: Laços que Aprisionam

A dependência emocional é um fenômeno que pode impactar profundamente a qualidade de nossas relações e nossa própria autoestima. Trata-se da necessidade excessiva de aprovação, atenção e suporte emocional de outra pessoa, levando frequentemente à perda da própria identidade e à criação de laços que aprisionam. Neste capítulo, abordaremos as origens da dependência emocional, como ela se manifesta e, principalmente, como superá-la para alcançar uma maior autonomia emocional.

O Que é Dependência Emocional?

Dependência emocional é a necessidade extrema de obter apoio emocional, validação e aprovação de outra pessoa. Ela pode surgir em qualquer tipo de relacionamento: romântico, familiar, de amizade ou até mesmo profissional. Pessoas emocionalmente dependentes tendem a sacrificar suas próprias necessidades e desejos para agradar o outro, vivendo com medo constante de rejeição e abandono.

Essa dependência se desenvolve a partir de vários fatores, incluindo experiências na infância, traumas passados, baixa autoestima e insegurança. Quando não tratada, pode resultar em relações disfuncionais, desgaste emocional e até problemas de saúde mental, como ansiedade e depressão.

Causas da Dependência Emocional

Compreender as causas da dependência emocional é crucial para sua superação. Entre as origens mais comuns, encontramos:

1. Experiências na Infância:

- Crianças que cresceram em ambientes onde suas necessidades emocionais não foram devidamente atendidas podem desenvolver um apego inseguro, levando à dependência emocional na vida adulta.

2. Traumas Emocionais:

- Experiências traumáticas, como abandono ou abuso, podem criar um medo profundo de solidão e uma necessidade desesperada de segurança e validação externa.

3. Baixa Autoestima:

- Pessoas com baixa autoestima frequentemente sentem que não são suficientemente boas ou dignas de amor, buscando constantemente a aprovação dos outros para se sentirem valorizadas.

4. Modelos de Relacionamento:

- Crescer em um ambiente onde a dependência emocional era a norma pode fazer com que uma pessoa veja essa dinâmica como natural e replicável em suas próprias relações.

Como Identificar a Dependência Emocional

Identificar a dependência emocional em si mesmo ou nos outros pode ser desafiador, mas alguns sinais comuns podem ajudar:

1. Necessidade Constante de Reafirmação:

- Busca contínua por garantias de que é amado e valorizado pelo parceiro ou amigo.

2. Medo Intenso de Rejeição:

- Medo irracional de ser rejeitado ou abandonado, frequentemente levando a comportamentos possessivos ou de apego excessivo.

3. Sacrifício Pessoal:

- Colocar as necessidades e desejos do outro à frente dos próprios, mesmo quando isso resulta em prejuízo pessoal.

4. Dificuldade em Tomar Decisões Sozinho:

- Sentir-se incapaz de tomar decisões importantes sem a aprovação ou orientação do outro.

5. Sensação de Vazio sem o Outro:

- Sentir um profundo vazio ou desespero quando não está na presença do outro ou quando o relacionamento termina.

Superando a Dependência Emocional

Superar a dependência emocional requer autoconhecimento, comprometimento e a disposição para mudar padrões de comportamento. Aqui estão algumas estratégias eficazes:

1. Desenvolver Autonomia Emocional:

- Trabalhe para construir uma vida satisfatória independentemente do outro. Desenvolva hobbies, interesses e amizades que tragam alegria e sentido.

2. Fortalecer a Autoestima:

- Pratique o autocuidado e busque atividades que aumentem a autoconfiança. Terapia, exercícios físicos e a realização de objetivos pessoais podem ajudar a melhorar a autoestima.

3. Estabelecer Limites Saudáveis:

- Aprenda a estabelecer e manter limites saudáveis em seus relacionamentos, respeitando suas próprias necessidades e não sacrificando seu bem-estar para agradar aos outros.

4. Buscar Terapia:

- A terapia pode ser extremamente útil para entender as raízes da dependência emocional e desenvolver estratégias para superá-la. Terapias como a cognitivo-comportamental (TCC) e a terapia psicodinâmica são particularmente eficazes.

5. Praticar a Autocompaixão:

- Seja gentil consigo mesmo enquanto trabalha para superar a dependência emocional. Reconheça que a mudança é um processo gradual e que é normal enfrentar desafios ao longo do caminho.

6. Aprender a Estar Só:

- Desenvolva a capacidade de estar confortável consigo mesmo. Pratique momentos de solitude intencional, onde você possa desfrutar da própria companhia sem sentir-se solitário.

Exercícios Práticos para Construir Autonomia Emocional

Aqui estão alguns exercícios práticos que podem ajudar a desenvolver a autonomia emocional:

1. Diário de Autoconhecimento:

- Mantenha um diário onde você registra seus pensamentos e sentimentos diários. Reflita sobre suas necessidades emocionais e como você pode atendê-las de forma independente.

2. Lista de Fortalezas:

- Crie uma lista de suas qualidades e realizações pessoais. Isso pode ajudar a fortalecer sua autoestima e lembrar-lhe de seu valor intrínseco.

3. Prática de *Mindfulness*:

- Exercícios de *mindfulness* podem ajudar a aumentar a consciência de seus próprios pensamentos e sentimentos, permitindo-lhe responder de maneira mais consciente e menos reativa.

4. Estabelecimento de Metas Pessoais:

- Defina metas pessoais que não dependam da validação ou apoio de outros. Trabalhe para alcançar esses objetivos e celebre suas conquistas.

5. Rede de Apoio Diversificada:

- Desenvolva uma rede de apoio que inclua amigos, familiares e outras pessoas que possam oferecer diferentes tipos de suporte. Isso reduz a pressão sobre um único relacionamento.

Estudos de Caso: Superando a Dependência Emocional

Para ilustrar como a dependência emocional pode ser superada, vamos examinar dois estudos de caso:

Estudo de Caso 1: Ana

Ana, uma mulher de 30 anos, sempre sentiu que precisava da aprovação constante de seu parceiro para se sentir bem consigo mesma. Ela sacrificava suas próprias necessidades para agradá-lo e temia intensamente ser rejeitada. Na terapia, Ana começou a explorar suas inseguranças e trabalhar em sua autoestima. Com o tempo, ela desenvolveu novos interesses e começou a estabelecer limites saudáveis em seu relacionamento. Isso não só melhorou sua autoconfiança, mas também fortaleceu seu relacionamento, tornando-o mais equilibrado e saudável.

Estudo de Caso 2: Carlos

Carlos, um homem de 40 anos, tinha dificuldade em tomar decisões sem a aprovação de seus amigos. Ele frequentemente se sentia vazio e ansioso quando estava sozinho. Através da terapia, Carlos aprendeu a valorizar sua própria opinião e a desenvolver hobbies que ele gostava de fazer sozinho. Ele começou a passar mais tempo consigo mesmo, praticando atividades como leitura e caminhadas, o que gradualmente reduziu sua ansiedade e aumentou sua sensação de bem-estar.

A Importância da Autonomia Emocional

A autonomia emocional é essencial para manter relacionamentos saudáveis e uma boa saúde mental. Quando nos tornamos emocionalmente independentes, somos capazes de nos relacionar com os outros de maneira mais equilibrada e autêntica, sem sacrificar nossa identidade ou bem-estar.

Desenvolver essa autonomia não significa se isolar ou se tornar emocionalmente insensível. Pelo contrário, trata-se de reconhecer e valorizar nossa própria identidade e necessidades emocionais, permitindo-nos construir relações mais saudáveis e satisfatórias.

Conclusão

A dependência emocional pode ser um laço que aprisiona, mas com autoconhecimento e estratégias adequadas, é possível superar essa condição e alcançar uma maior autonomia emocional. Neste capítulo, exploramos as causas da dependência emocional, como identificá-la e estratégias para superá-la. A jornada para a independência emocional é desafiadora, mas os benefícios são imensuráveis, levando a relacionamentos mais saudáveis e a uma vida mais plena e satisfatória.

No próximo capítulo, exploraremos a ansiedade, um problema comum que frequentemente acompanha a dependência emocional. Discutiremos suas causas, sintomas e estratégias para gerenciá-la de maneira eficaz.

Capítulo 6:

Ansiedade: O Inimigo Silencioso

Capítulo 6: Ansiedade: O Inimigo Silencioso

A ansiedade é uma resposta natural do corpo ao estresse e, em níveis moderados, pode até ser benéfica, ajudando-nos a enfrentar desafios e perigos. No entanto, quando a ansiedade se torna crônica e desproporcional, ela pode transformar-se em um inimigo silencioso, afetando profundamente a nossa qualidade de vida. Neste capítulo, vamos explorar as causas e manifestações da ansiedade, e fornecer estratégias práticas e eficazes para gerenciá-la.

O Que é Ansiedade?

A ansiedade é uma emoção caracterizada por sentimentos de tensão, preocupações e alterações físicas, como aumento da pressão arterial. Todos experimentam ansiedade em algum momento, mas para algumas pessoas, esses sentimentos podem ser persistentes, excessivos e difíceis de controlar, interferindo na vida cotidiana.

Existem vários tipos de transtornos de ansiedade, incluindo o transtorno de ansiedade generalizada (TAG), o transtorno de pânico, a ansiedade social e fobias específicas. Cada um tem suas próprias características e desafios, mas todos compartilham o núcleo comum da preocupação e do medo excessivos.

Causas da Ansiedade

A ansiedade pode ser desencadeada por uma combinação de fatores biológicos, psicológicos e ambientais:

1. Fatores Biológicos:

- Genética: Pessoas com histórico familiar de ansiedade podem ser mais propensas a desenvolver a condição.
- Neuroquímica: Desequilíbrios de neurotransmissores no cérebro, como serotonina e dopamina, podem contribuir para a ansiedade.
- Estrutura Cerebral: Algumas pesquisas sugerem que áreas específicas do cérebro, como a amígdala, podem ser mais ativas em pessoas com ansiedade.

2. Fatores Psicológicos:

- Personalidade: Certas características de personalidade, como o perfeccionismo e a tendência a ruminação, podem aumentar o risco de ansiedade.

- Experiências de Vida: Traumas, estresse crônico e experiências negativas na infância podem predispor uma pessoa à ansiedade.

- Mecanismos de Enfrentamento: A falta de habilidades eficazes para lidar com o estresse e os desafios da vida pode exacerbar a ansiedade.

3. Fatores Ambientais:

- Estresse: Situações estressantes, como problemas financeiros, conflitos familiares ou pressões no trabalho, podem desencadear ou agravar a ansiedade.

- Estilo de Vida: Hábitos pouco saudáveis, como falta de exercício, má alimentação e sono inadequado, podem contribuir para a ansiedade.

- Influências Sociais: Pressões sociais e culturais, como a necessidade de se adequar a expectativas ou padrões, podem aumentar os níveis de ansiedade.

Sintomas da Ansiedade

A ansiedade pode se manifestar de várias maneiras, tanto fisicamente quanto emocionalmente. Reconhecer esses sintomas é o primeiro passo para gerenciar a condição:

1. Sintomas Físicos:

- Palpitações cardíacas
- Sudorese excessiva
- Tremores ou agitação
- Dores de cabeça
- Tensão muscular
- Problemas digestivos, como náusea ou diarreia
- Fadiga
- Insônia ou distúrbios do sono

2. Sintomas Emocionais e Cognitivos:

- Preocupação constante ou excessiva
- Sensação de nervosismo ou tensão
- Sentimentos de pavor ou medo iminente
- Dificuldade de concentração
- Irritabilidade
- Sentimento de estar sobrecarregado

Ansiedade e Sua Relação com Outras Condições

A ansiedade frequentemente coexiste com outras condições de saúde mental, como depressão e dependência emocional. Essa comorbidade pode complicar o diagnóstico e o tratamento, tornando crucial uma abordagem abrangente:

1. Ansiedade e Depressão:

- Muitas pessoas que sofrem de ansiedade também experimentam depressão. Ambas as condições compartilham sintomas como irritabilidade, problemas de sono e dificuldade de concentração. O tratamento eficaz geralmente aborda ambos os aspectos.

2. Ansiedade e Dependência Emocional:

- A dependência emocional pode exacerbar a ansiedade, especialmente em situações de relacionamento. A necessidade constante de aprovação e medo de abandono podem alimentar um ciclo de preocupação e estresse.

3. Ansiedade e Problemas de Saúde Física:

- A ansiedade pode agravar condições físicas, como hipertensão, problemas gastrointestinais e distúrbios imunológicos. O estresse crônico associado à ansiedade pode enfraquecer o sistema imunológico, aumentando a suscetibilidade a doenças.

Estratégias para Gerenciar a Ansiedade

Gerenciar a ansiedade envolve uma combinação de mudanças no estilo de vida, técnicas de enfrentamento e, em alguns casos, intervenção médica. Aqui estão algumas estratégias eficazes:

1. Práticas de Relaxamento:

- Técnicas como meditação, respiração profunda, ioga e *mindfulness* podem ajudar a reduzir a tensão e promover um estado de calma.

2. Exercício Físico Regular:

- A atividade física regular é uma das maneiras mais eficazes de reduzir o estresse e a ansiedade. O exercício libera endorfinas, que atuam como analgésicos naturais e elevadores de humor.

3. Sono Adequado:

- Manter uma rotina de sono saudável é crucial para gerenciar a ansiedade. Pratique boas "higienes do sono", como manter um horário regular, evitar cafeína antes de dormir e criar um ambiente de sono relaxante.

4. Alimentação Saudável:

- Uma dieta balanceada pode ter um impacto significativo no humor e nos níveis de ansiedade. Alimentos ricos em nutrientes como magnésio, ômega-3 e vitamina B podem ajudar a melhorar a saúde mental.

5. Limitar Estimulantes:

- Reduzir o consumo de cafeína, álcool e outras substâncias que podem exacerbar a ansiedade é uma medida importante. Esses estimulantes podem aumentar os níveis de estresse e agravar os sintomas de ansiedade.

6. Terapia:

- A terapia ou a análise é fundamental no tratamento da ansiedade, pois permite a identificação das causas subjacentes dos sintomas. Por meio de sessões com um profissional, é possível explorar pensamentos, emoções e comportamentos que alimentam a ansiedade. Esta compreensão profunda auxilia na construção de estratégias personalizadas para enfrentar e reduzir os sintomas. Além disso, a análise promove a autopercepção e o autoconhecimento, empoderando o indivíduo para lidar de forma mais eficaz com situações estressantes. Com o tempo, essa abordagem pode levar a uma melhora significativa na qualidade de vida e no bem-estar emocional.

- Outras formas de terapia, como a terapia psicodinâmica e a terapia de aceitação e compromisso (ACT), também podem ser úteis.

7. Medicação:

- Em casos graves, a medicação pode ser necessária para controlar os sintomas de ansiedade. Antidepressivos, ansiolíticos e beta-bloqueadores são algumas das opções que podem ser prescritas por um médico.

8. Apoio Social:

- Manter uma rede de apoio social pode proporcionar uma sensação de segurança e pertencimento. Conversar com amigos, familiares ou participar de grupos de apoio pode ajudar a aliviar a ansiedade.

9. Gerenciamento do Tempo:

- Aprender a gerenciar o tempo e as tarefas de maneira eficaz pode reduzir significativamente o estresse. Técnicas como fazer listas de tarefas, estabelecer prioridades e delegar responsabilidades podem ser úteis.

10. Desenvolvimento de Habilidades de Enfrentamento:

- Identificar e desenvolver habilidades saudáveis de enfrentamento é crucial para lidar com a ansiedade. Isso pode incluir técnicas de resolução de problemas, estratégias de distração saudável e práticas de autocuidado.

Estudos de Caso: Vivendo com Ansiedade

Para ilustrar como a ansiedade pode se manifestar e ser gerenciada, vamos examinar dois estudos de caso:

Estudo de Caso 1: João

João, um executivo de 40 anos, começou a experimentar sintomas de ansiedade durante um período de alta pressão no trabalho. Ele sentia palpitações cardíacas, insônia e uma preocupação constante com o desempenho. Ao procurar ajuda médica, foi diagnosticado com transtorno de ansiedade generalizada (TAG). João iniciou a terapia psicanalítica, onde aprendeu técnicas de relaxamento e reestruturação cognitiva. Além disso, ele começou a praticar exercícios físicos regularmente e a melhorar sua rotina de sono. Com o tempo, João conseguiu gerenciar sua ansiedade e melhorar sua qualidade de vida.

Estudo de Caso 2: Maria

Maria, uma estudante universitária de 22 anos, começou a sofrer de ataques de pânico durante seu primeiro ano na faculdade. Ela sentia uma intensa sensação de medo, falta de ar e tremores. Esses ataques começaram a afetar seu desempenho acadêmico e vida social. Após consultar um psicólogo, Maria foi diagnosticada com transtorno de pânico. Ela iniciou um tratamento combinado entre a psicanálise e medicação ansiolítica. A terapia ajudou Maria a entender os gatilhos de seus ataques de pânico e a desenvolver técnicas para gerenciá-los. Com apoio contínuo, Maria conseguiu retomar suas atividades acadêmicas e sociais com confiança.

A Importância de Buscar Ajuda

Reconhecer que a ansiedade está impactando negativamente a sua vida e buscar ajuda é um passo crucial. A ansiedade não deve ser enfrentada sozinha, e existem muitas formas de suporte disponíveis, desde profissionais de saúde mental até grupos de apoio e recursos online.

A terapia pode oferecer um espaço seguro para explorar suas preocupações, desenvolver estratégias de enfrentamento e trabalhar através de desafios emocionais. A medicação pode ser uma ferramenta útil em conjunto com a terapia, especialmente em casos de ansiedade grave.

Conclusão

A ansiedade é uma condição complexa que pode ter um impacto profundo em nossa vida diária, mas com as estratégias e suporte certos, é possível gerenciá-la de maneira eficaz. Ao entender as causas da ansiedade e adotar práticas saudáveis, podemos reduzir seus efeitos .

Capítulo 7:

Depressão: A Sombra Silenciosa

Capítulo 7: Depressão: A Sombra Silenciosa

A depressão é uma realidade ubíqua na vida moderna, muitas vezes camuflada sob um manto de silêncio e incompreensão. Neste capítulo, mergulharemos nas profundezas desse estado emocional, explorando suas raízes, manifestações e caminhos para a cura.

O Fenômeno da Depressão

A depressão é mais do que um simples sentimento de tristeza passageira; é um distúrbio complexo que afeta profundamente a mente e o corpo. Manifesta-se de várias formas, desde uma sensação persistente de desesperança até uma perda avassaladora de interesse nas atividades do dia a dia. Embora muitos tipos de depressão existam, todos compartilham a capacidade de lançar uma sombra sobre a vida de quem sofre.

Desvendando as Causas

As causas da depressão são multifacetadas e muitas vezes entrelaçadas, desafiando qualquer tentativa de simplificação. Fatores genéticos, biológicos, psicológicos e ambientais desempenham papéis significativos. Desde a carga genética herdada até os eventos estressantes da vida, cada elemento contribui para o quadro complexo que é a depressão.

Reconhecendo os Sintomas

Os sintomas da depressão se manifestam de maneiras diversas, afetando não apenas a esfera emocional, mas também a cognitiva e a física. Desde sentimentos de desesperança e desânimo até dores físicas inexplicáveis, a depressão pode se infiltrar em todos os aspectos da existência de uma pessoa, minando sua qualidade de vida e bem-estar.

Diagnóstico e Tratamento

Diagnosticar a depressão exige uma abordagem cuidadosa e holística, combinando entrevistas clínicas, questionários de avaliação e exames físicos. Uma vez identificada, a depressão pode ser tratada de várias maneiras, incluindo terapia psicossocial, medicação e intervenções médicas. O tratamento ideal varia de acordo com a gravidade dos sintomas e as necessidades individuais do paciente.

Estratégias de Prevenção

Embora a depressão possa parecer uma sentença inevitável para alguns, existem estratégias eficazes para sua prevenção. Fortalecer a resiliência, manter conexões sociais sólidas, praticar o autoconhecimento e adotar um estilo de vida saudável são passos importantes na luta contra a depressão. Encontrar um equilíbrio entre os desafios da vida e as estratégias de enfrentamento pode ajudar a evitar que a sombra da depressão se instale.

Estudos de Caso: Luz no Fim do Túnel

Para ilustrar a jornada da depressão até a cura, vamos examinar dois estudos de caso:

Estudo de Caso 1: Lucas

Após perder o emprego, Lucas mergulhou em um abismo de desespero e desânimo. Com o apoio da psicanálise e antidepressivos, ele gradualmente reconstruiu sua vida, encontrando um novo emprego e restaurando seu senso de propósito.

Estudo de Caso 2: Clara

Enfrentando uma batalha contra a distimia, Clara encontrou esperança através da terapia psicodinâmica e mudanças em seu estilo de vida. Com determinação e apoio, ela aprendeu a gerenciar seus sintomas e redescobrir a alegria na vida cotidiana.

Em Busca da Luz

A depressão pode parecer uma sombra impenetrável, mas a luz da cura está sempre ao alcance. Ao compreender suas causas, reconhecer seus sintomas e buscar tratamento adequado, é possível dissipar a escuridão e encontrar o caminho para uma vida plena e significativa.

Capítulo 8:

Ansiedade: Navegando Pelas Ondas do Medo

Capítulo 8: Ansiedade: Navegando Pelas Ondas do Medo

A ansiedade é uma experiência comum na vida moderna, uma resposta natural do corpo ao estresse e à incerteza. Neste capítulo, exploraremos o que é ansiedade, suas causas e sintomas, e apresentaremos estratégias para lidar com ela de forma eficaz, permitindo-nos navegar pelas ondas do medo com confiança e resiliência.

Compreendendo a Ansiedade

A ansiedade é uma emoção normal que todos experimentamos em algum momento de nossas vidas. É uma resposta do corpo ao perigo percebido ou a uma situação de estresse. No entanto, quando a ansiedade se torna excessiva, persistente e interfere nas atividades diárias, pode se transformar em um transtorno de ansiedade.

Tipos de Transtornos de Ansiedade

Existem inúmeros tipos de transtornos de ansiedade, cada um com suas características distintas:

1. Transtorno de Ansiedade Generalizada (TAG):

- Caracterizado por preocupação excessiva e persistente em relação a várias áreas da vida, como saúde, trabalho e relacionamentos.

2. Transtorno do Pânico:

- Caracterizado por ataques de pânico repentinos e intensos, acompanhados por sintomas físicos como palpitações, sudorese e falta de ar.

3. Transtorno de Ansiedade Social:

- Caracterizado por medo intenso e evitação de situações sociais, devido ao medo de ser julgado ou criticado pelos outros.

4. Transtorno Obsessivo-Compulsivo (TOC):

- Caracterizado por pensamentos intrusivos e recorrentes (obsessões) e comportamentos repetitivos (compulsões) realizados para aliviar a ansiedade.

5. Transtorno de Estresse Pós-Traumático (TEPT):

- Desencadeado por experiências traumáticas, o TEPT causa sintomas como flashbacks, pesadelos e hipervigilância.

Causas da Ansiedade

A ansiedade pode ser desencadeada por uma variedade de fatores, incluindo:

1. Genética: Predisposição genética pode tornar algumas pessoas mais propensas a desenvolver transtornos de ansiedade.

2. Fatores Ambientais: Experiências traumáticas, estresse crônico, mudanças na vida e eventos significativos podem desencadear a ansiedade.

3. Desordens Cerebrais ou orgânica : Desequilíbrios químicos no cérebro, como níveis anormais de neurotransmissores, podem contribuir para transtornos de ansiedade.

4. Personalidade: Algumas características de personalidade, como perfeccionismo ou tendência a preocupar-se excessivamente, podem aumentar o risco de ansiedade.

Sintomas da Ansiedade

Os sintomas de ansiedade variam de pessoa para pessoa e podem incluir:

1. Sintomas Físicos: Taquicardia, respiração rápida, sudorese, tremores, tonturas, dores de cabeça, problemas gastrointestinais.

2. Sintomas Emocionais: Medo intenso, nervosismo, irritabilidade, dificuldade de concentração, sensação de perigo iminente.

3. Sintomas Comportamentais: Evitar situações que desencadeiam ansiedade, comportamentos compulsivos, dificuldade em relaxar.

Diagnóstico e Tratamento

O diagnóstico de transtornos de ansiedade é feito com base em uma avaliação clínica realizada por um profissional de saúde mental. O tratamento geralmente envolve uma combinação de terapia e, em alguns casos, medicação:

1. Psicanálise: Ajuda os pacientes a explorar e compreender conflitos inconscientes que contribuem para a ansiedade.

2. Terapia de Exposição: Ajuda os pacientes a confrontar gradualmente as situações que causam ansiedade, permitindo-lhes aprender a lidar com elas de maneira mais eficaz.

3. Terapia de Aceitação e Compromisso (ACT): Ensina os pacientes a aceitar pensamentos e sentimentos indesejados e a se comprometer com ações que estejam alinhadas com seus valores.

4. Medicação: Os medicamentos, como antidepressivos e ansiolíticos, podem ser prescritos para ajudar a aliviar os sintomas de ansiedade.

Estratégias de Autoajuda

Além do tratamento profissional, existem várias estratégias de autoajuda que podem ajudar a gerenciar a ansiedade:

1. Prática de Relaxamento: Técnicas de respiração profunda, meditação, yoga e *mindfulness* podem ajudar a acalmar a mente e o corpo.

2. Exercício Regular: A atividade física regular é uma maneira eficaz de reduzir o estresse e a ansiedade.

3. Estabelecimento de Limites: Aprender a dizer não e estabelecer limites saudáveis pode ajudar a reduzir o estresse e a sobrecarga.

4. Cuidado com o Corpo: Manter uma dieta saudável, dormir o suficiente e evitar substâncias como álcool e cafeína pode ajudar a reduzir a ansiedade.

Conclusão

A ansiedade pode parecer uma tempestade implacável, mas não precisa dominar nossas vidas. Com compreensão, apoio e as estratégias certas, podemos aprender a navegar pelas ondas do medo com coragem e resiliência. Não estamos sozinhos em nossa jornada; há esperança e ajuda disponíveis para aqueles que buscam.

Capítulo 9:

Dependência: O Labirinto da Adição

Capítulo 9: Dependência: O Labirinto da Adição

A dependência é um emaranhado complexo que aprisiona muitos em suas teias, afetando não só o corpo, mas também a mente e o espírito. Neste capítulo, navegaremos pelas profundezas da adição, explorando suas origens, manifestações e estratégias para encontrar a luz no fim do túnel.

Entendendo a Dependência

A dependência, seja em relação a substâncias ou comportamentos, é uma condição caracterizada pela compulsão de consumir ou se engajar em algo, mesmo diante das consequências adversas. Ela se manifesta de várias maneiras, desde a dependência de substâncias como drogas e álcool até comportamentos como jogos de azar e uso excessivo de tecnologia.

Raízes da Dependência

As raízes da dependência são profundas e multifacetadas, envolvendo fatores genéticos, biológicos, psicológicos e ambientais:

1. Fatores Genéticos: Predisposição genética pode aumentar a vulnerabilidade à dependência em certos indivíduos.

2. Fatores Biológicos: Alterações na química cerebral, como desequilíbrios de neurotransmissores, contribuem para a dependência.

3. Fatores Psicológicos: Traumas passados, problemas de saúde mental não tratados e dificuldades de enfrentamento podem alimentar a dependência.

4. Fatores Ambientais: Experiências de vida estressantes, pressões sociais e acesso fácil a substâncias desempenham um papel significativo.

Manifestações da Dependência

A dependência se apresenta de várias formas, mas há sinais comuns a serem observados:

1. Tolerância: Necessidade de aumentar a dose de uma substância ou intensificar um comportamento para alcançar o mesmo efeito desejado.

2. Síndrome de Abstinência: Experimentação de sintomas físicos e emocionais desagradáveis quando a substância é retirada ou o comportamento é interrompido.

3. Perda de Controle: Incapacidade de controlar o uso da substância ou o comportamento, apesar das consequências negativas.

4. Priorização da Substância ou Comportamento: Colocação da substância ou comportamento no centro da vida, à frente de responsabilidades pessoais e profissionais.

Diagnóstico e Tratamento

O diagnóstico preciso de dependência é crucial para um tratamento eficaz. Isso geralmente envolve uma avaliação completa por profissionais de saúde mental. O tratamento pode incluir:

1. Desintoxicação Médica: Um processo supervisionado para remover com segurança a substância do corpo e gerenciar os sintomas de abstinência.

2. Terapia Individual e em Grupo: A terapia psicanalítica, terapia de grupo e terapia familiar ajudam os indivíduos a explorar as causas subjacentes da dependência e desenvolver habilidades de enfrentamento saudáveis.

3. Medicação: Em alguns casos, medicamentos podem ser prescritos para ajudar a controlar os sintomas de abstinência ou tratar condições de saúde mental coexistentes.

4. Programas de Apoio Contínuo: Participar de grupos de apoio e programas de reabilitação ajuda a manter a sobriedade e prevenir recaídas.

Estratégias de Prevenção

A prevenção da dependência envolve abordar fatores de risco e promover estilos de vida saudáveis:

1. Educação: Informar sobre os riscos associados ao uso de substâncias e comportamentos aditivos é fundamental para a prevenção.

2. Desenvolvimento de Habilidades de Enfrentamento: Ensinar habilidades eficazes para lidar com o estresse e as emoções ajuda a prevenir o desenvolvimento da dependência.

3. Promoção de Ambientes de Apoio: Criar ambientes sociais, familiares e comunitários que promovam o apoio emocional e a conexão pode ajudar a proteger contra a dependência.

4. Acesso a Recursos de Tratamento: Garantir o acesso a serviços de saúde mental e tratamento é crucial para interromper o ciclo da dependência.

Estudos de Caso: Rumo à Recuperação

Para ilustrar a jornada de recuperação da dependência, consideremos dois estudos de caso:

Estudo de Caso 1: André

André enfrentou uma longa batalha contra o vício em jogos de azar, que o levou à ruína financeira e emocional. Com ajuda profissional e o apoio de sua família, ele iniciou um processo de reabilitação que incluiu terapia individual e participação em grupos de apoio. Ao longo do tempo, André encontrou novas formas de lidar com o estresse e reconstruir sua vida longe do jogo.

Estudo de Caso 2: Maria

Maria lutou contra a dependência de álcool por anos, buscando conforto na garrafa para lidar com suas preocupações e tristezas. Após tocar fundo, ela procurou ajuda profissional e se juntou a um programa de reabilitação que combinava terapia individual com grupos de apoio. Com dedicação e apoio, Maria aprendeu a enfrentar suas emoções de frente e encontrou força na sobriedade.

Conclusão

A dependência pode ser um labirinto difícil de escapar, mas não é uma sentença permanente. Com compreensão, apoio e tratamento adequado, é possível encontrar o caminho para a recuperação e uma vida plena de significado e realização. Não estamos sozinhos em nossa jornada; há esperança e ajuda disponíveis para aqueles que buscam.

Capítulo 10:

Psicoterapia: Explorando as Profundezas da Mente

Capítulo 10: Psicoterapia: Explorando as Profundezas da Mente

A psicoterapia é uma jornada de autodescoberta e cura, um processo que nos permite explorar as profundezas da mente e encontrar respostas para nossos desafios emocionais. Neste capítulo, mergulharemos nos fundamentos da psicoterapia, explorando suas diferentes abordagens, benefícios e como ela pode ajudar a iluminar o caminho em direção ao autoconhecimento e ao bem-estar emocional.

Entendendo a Psicoterapia

A psicoterapia, também conhecida como terapia de conversa, é um processo colaborativo entre um terapeuta qualificado e um cliente, com o objetivo de explorar pensamentos, sentimentos e comportamentos, e promover mudanças positivas e crescimento pessoal. Ela se baseia em teorias psicológicas e técnicas terapêuticas comprovadas para ajudar as pessoas a lidar com uma variedade de questões emocionais e psicológicas.

Abordagens Terapêuticas

Existem várias abordagens terapêuticas, cada uma com suas próprias técnicas e focos:

1. Terapia Psicodinâmica: Explora os processos mentais inconscientes e as experiências passadas para entender e resolver problemas emocionais.

2. Terapia Cognitivo-Comportamental (TCC): Concentra-se em identificar e modificar padrões de pensamento e comportamento que contribuem para problemas emocionais.

3. Terapia Humanista: Valoriza a autenticidade, a empatia e a aceitação incondicional do cliente, visando o crescimento pessoal e a autoatualização.

4. Terapia Comportamental: Concentra-se na modificação de comportamentos problemáticos por meio de técnicas de aprendizado e condicionamento.

5. Terapia Familiar e de Casal: Aborda questões relacionadas aos relacionamentos interpessoais e dinâmicas familiares.

Benefícios da Psicoterapia

A psicoterapia oferece uma variedade de benefícios, incluindo:

1. Autoconhecimento: Ajuda os clientes a entender melhor seus pensamentos, sentimentos e comportamentos, promovendo o autoconhecimento e a autocompreensão.

2. Desenvolvimento de Habilidades: Ensina habilidades de enfrentamento eficazes, como comunicação assertiva, resolução de problemas e gerenciamento de estresse.

3. Alívio de Sintomas: Ajuda a reduzir sintomas de condições de saúde mental, como ansiedade, depressão, traumas e transtornos alimentares.

4. Melhorias nos Relacionamentos: Facilita a resolução de conflitos interpessoais e promove relacionamentos mais saudáveis e satisfatórios.

5. Crescimento Pessoal: Estimula o crescimento pessoal e o desenvolvimento de uma maior resiliência emocional.

O Papel do Terapeuta

O terapeuta desempenha um papel fundamental no processo terapêutico, fornecendo um ambiente seguro, não julgador e empático para o cliente explorar seus desafios emocionais. Eles atuam como guias, facilitando a reflexão, oferecendo *insights* e incentivando o crescimento pessoal. Além disso, o terapeuta adapta suas abordagens e técnicas às necessidades individuais do cliente, garantindo uma experiência terapêutica personalizada e eficaz.

Iniciando a Terapia

Iniciar a terapia pode ser um passo significativo em direção ao autoconhecimento e ao bem-estar emocional. Para aqueles que estão considerando a terapia, é importante:

1. Pesquisar Profissionais Qualificados: Buscar terapeutas licenciados e experientes que tenham formação em abordagens terapêuticas relevantes para suas necessidades.

2. Estabelecer Metas Claras: Definir metas terapêuticas específicas e realistas pode ajudar a

orientar o processo terapêutico e medir o progresso
ao longo do tempo.

3. Fornecer *Feedback*: Comunicar-se
abertamente com o terapeuta sobre suas
preocupações, expectativas e experiências durante
a terapia é essencial para uma colaboração eficaz.

4. Comprometer-se com o Processo: Estar
disposto a participar ativamente da terapia,
completar as tarefas de casa e explorar questões
difíceis é fundamental para o sucesso terapêutico.

Conclusão

A psicoterapia é uma jornada de autodescoberta e
cura que oferece um espaço seguro e acolhedor
para explorar desafios emocionais e promover o
crescimento pessoal. Ao proporcionar uma
compreensão mais profunda de nós mesmos e das
nossas relações, a psicoterapia pode nos ajudar a
encontrar maior satisfação, significado e bem-estar
em nossas vidas.

Capítulo 11:

Rumo ao Bem-Estar: Integrando Autoconhecimento e Autocuidado

Capítulo 11: Rumo ao Bem-Estar: Integrando Autoconhecimento e Autocuidado

O caminho para o bem-estar emocional e a realização pessoal muitas vezes requer uma jornada de autoconhecimento e autocuidado. Neste capítulo, exploraremos a importância de se conhecer profundamente, cultivar um relacionamento saudável consigo mesmo e adotar práticas de autocuidado para promover uma vida equilibrada e satisfatória.

Reconhecendo a Importância do Autoconhecimento

O autoconhecimento é a base sobre a qual se constrói uma vida significativa e satisfatória. Ele envolve uma profunda compreensão de quem somos, nossos valores, crenças, desejos e limitações. Ao nos conhecermos melhor, podemos tomar decisões mais alinhadas com nossas necessidades e objetivos, cultivar relacionamentos mais autênticos e encontrar um maior sentido de propósito e direção em nossas vidas.

Cultivando um Relacionamento Saudável Consigo Mesmo

Um relacionamento saudável consigo mesmo é fundamental para o bem-estar emocional e a resiliência psicológica. Isso envolve cultivar amor próprio, compaixão e aceitação por quem somos, com todas as nossas imperfeições e singularidades. Ao praticarmos a autocompaixão e a autoaceitação, podemos desenvolver uma maior autoconfiança, autorrespeito e uma atitude mais gentil em relação a nós mesmos, mesmo nos momentos de dificuldade e desafio.

Adotando Práticas de Autocuidado

O autocuidado é uma parte essencial de uma vida equilibrada e saudável. Envolve dedicar tempo e energia para cuidar de nossas necessidades físicas, mentais, emocionais e espirituais. Isso pode incluir:

1. **Cuidados Físicos:** Alimentação saudável, exercício regular, sono adequado e cuidados médicos preventivos são fundamentais para a saúde física e o bem-estar.

2. Cuidados Emocionais: Práticas como a terapia, a meditação, a expressão criativa e o cultivo de relacionamentos significativos podem ajudar a promover a saúde emocional e o equilíbrio mental.

3. Cuidados Sociais: Cultivar conexões interpessoais positivas e participar de atividades sociais que nos tragam alegria e apoio emocional são essenciais para o bem-estar social e emocional.

4. Cuidados Espirituais: Explorar questões de significado, propósito e conexão com algo maior do que nós mesmos pode nutrir nossa alma e promover uma sensação de plenitude e paz interior.

Integrando Autoconhecimento e Autocuidado

O autoconhecimento e o autocuidado estão intrinsecamente ligados, cada um alimentando e fortalecendo o outro. Ao nos conhecermos melhor, podemos identificar com mais clareza nossas necessidades e desejos, permitindo-nos praticar o autocuidado de forma mais eficaz e intencional. Da mesma forma, ao cuidarmos de nós mesmos de maneira amorosa e compassiva, criamos espaço para um maior autoconhecimento e crescimento pessoal.

Superando Obstáculos

Embora o caminho do autoconhecimento e do autocuidado possa ser gratificante, também pode apresentar desafios. Dúvidas, medos, autocrítica e hábitos arraigados podem dificultar nosso progresso. No entanto, ao reconhecermos e enfrentarmos esses obstáculos com compaixão e determinação, podemos transformá-los em oportunidades de crescimento e autodescoberta.

Conclusão

O autoconhecimento e o autocuidado são pilares essenciais de uma vida plena e significativa. Ao nos comprometermos com a jornada de nos conhecermos melhor e cuidarmos de nós mesmos de maneira amorosa e intencional, podemos promover um maior bem-estar emocional, relacional e espiritual. Que este capítulo sirva como um guia para aqueles que buscam cultivar uma vida de autenticidade, equilíbrio e realização pessoal.

Capítulo 12:

Resiliência: Fortalecendo-se nas Adversidades

Capítulo 12: Resiliência: Fortalecendo-se nas Adversidades

A resiliência é a capacidade de enfrentar e superar desafios, adaptar-se a mudanças e crescer diante de experiências difíceis. Neste capítulo, vamos explorar a importância da resiliência em nossas vidas, como podemos cultivá-la e fortalecê-la, e como ela nos ajuda a prosperar, mesmo nas situações mais adversas.

Compreendendo a Resiliência

A resiliência não é apenas sobre "superar" as adversidades; é sobre crescer e aprender com elas. Envolve a capacidade de lidar com o estresse, recuperar-se de traumas e seguir em frente com esperança e determinação. A resiliência não é um traço fixo, mas sim uma habilidade que pode ser cultivada e aprimorada ao longo da vida.

Fatores que Influenciam a Resiliência

Vários fatores podem influenciar a capacidade de uma pessoa de ser resiliente:

1. Rede de Apoio: Ter amigos, familiares e outros membros da comunidade que ofereçam apoio emocional e prático pode ajudar a fortalecer a resiliência.

2. Autoestima: Uma autoimagem positiva e uma sensação de autoeficácia podem aumentar a capacidade de enfrentar desafios e superar obstáculos.

3. Habilidades de Enfrentamento: Desenvolver habilidades eficazes de enfrentamento, como resolução de problemas, pensamento positivo e gestão do estresse, é fundamental para a resiliência.

4. Flexibilidade Mental: Ser capaz de se adaptar a novas situações e mudanças inesperadas é essencial para lidar com adversidades.

Cultivando a Resiliência

Embora algumas pessoas possam ser naturalmente mais resilientes do que outras, a resiliência é uma habilidade que pode ser aprendida e fortalecida ao longo do tempo. Aqui estão algumas estratégias para cultivar a resiliência:

1. Fomentar Relacionamentos Positivos:

Construir e manter relacionamentos saudáveis e solidários pode fornecer uma rede de apoio vital durante tempos difíceis.

2. Praticar a Autocompaixão:
Tratar-se com gentileza e compaixão, mesmo nos momentos de dificuldade, pode fortalecer a resiliência emocional.

3. Cultivar o Pensamento Positivo:

Encontrar aspectos positivos em situações desafiadoras e manter uma perspectiva otimista pode ajudar a promover a resiliência.

4. Desenvolver Flexibilidade:

Estar aberto a novas experiências, aprender com os fracassos e adaptar-se a mudanças inesperadas pode aumentar a resiliência.

5. Buscar Ajuda Profissional:
Em momentos de extrema dificuldade, buscar ajuda de um terapeuta ou conselheiro pode fornecer suporte adicional e estratégias de enfrentamento eficazes.

Resiliência em Ação: Estudos de Caso

Para ilustrar a resiliência em ação, consideremos dois estudos de caso:

Estudo de Caso 1: Maria

Maria perdeu o emprego após uma reestruturação na empresa onde trabalhava há anos. Apesar do choque inicial e da incerteza sobre o futuro, Maria aproveitou a oportunidade para reavaliar suas prioridades e explorar novas opções de carreira. Com o apoio de amigos e familiares, ela conseguiu se reinventar profissionalmente e encontrou um novo trabalho que a trouxe satisfação e realização.

Estudo de Caso 2: João

João enfrentou uma série de dificuldades financeiras após uma crise econômica que afetou seu negócio. Apesar das pressões financeiras e do estresse emocional, João recorreu à sua rede de apoio e utilizou suas habilidades de resolução de problemas para encontrar soluções criativas para seus desafios financeiros. Com perseverança e determinação, João conseguiu superar as adversidades e reconstruir sua estabilidade financeira.

Conclusão

A resiliência é uma qualidade fundamental que nos permite enfrentar desafios, superar obstáculos e crescer diante da adversidade. Ao cultivarmos a resiliência em nossas vidas, fortalecemos nossa capacidade de lidar com o estresse, recuperar-nos de traumas e prosperar, mesmo nas situações mais difíceis. Que este capítulo inspire e capacite os leitores a desenvolver sua própria resiliência e encontrar força interior para enfrentar qualquer desafio que possa surgir em seu caminho.

Capítulo 13:

Relações Saudáveis: Construindo Conexões Verdadeiras

Capítulo 13: Relações Saudáveis: Construindo Conexões Verdadeiras

Relacionamentos saudáveis são a essência da vida humana, proporcionando apoio emocional, conforto e significado. Neste capítulo, vamos explorar a importância de cultivar conexões autênticas, as características de relacionamentos saudáveis e como nutrir essas relações para promover o bem-estar emocional e a felicidade.

A Importância dos Relacionamentos

Os relacionamentos desempenham um papel fundamental em nossa saúde emocional e bem-estar geral. Conectar-se com outras pessoas nos ajuda a nos sentir valorizados, compreendidos e amados. Relacionamentos saudáveis também nos proporcionam um senso de pertencimento e apoio durante os momentos difíceis da vida.

Características dos Relacionamentos Saudáveis

Relacionamentos saudáveis compartilham várias características-chave:

1. Comunicação Aberta e Honestidade:

Relacionamentos saudáveis são construídos com base na comunicação aberta, onde os parceiros podem compartilhar seus pensamentos, sentimentos e necessidades de forma honesta e respeitosa.

2. Respeito Mútuo:

Respeitar os limites, opiniões e individualidade do parceiro é essencial para a construção de um relacionamento saudável e duradouro.

3. Empatia e Compaixão:

Mostrar empatia e compaixão pelo parceiro, demonstrando preocupação genuína com seu bem-estar emocional, fortalece os vínculos emocionais e promove a intimidade.

4. Apoio mútuo:

Estar lá um para o outro nos bons e maus momentos, oferecendo apoio emocional e prático, fortalece a conexão e a confiança no relacionamento.

5. Resolução Construtiva de Conflitos:

Resolver conflitos de maneira construtiva, buscando compromisso e soluções que atendam às necessidades de ambos os parceiros, fortalece a saúde do relacionamento.

Nutrindo Relacionamentos Saudáveis

Para nutrir e fortalecer relacionamentos saudáveis, é importante:

1. Priorizar a Comunicação:

Estabelecer uma comunicação aberta e honesta como a base do relacionamento, garantindo que ambas as partes se sintam ouvidas e compreendidas.

2. Cultivar a Empatia:

Praticar a empatia, colocando-se no lugar do outro e tentando entender suas perspectivas e sentimentos, promove uma conexão mais profunda e significativa.

3. Manter o Respeito:

Respeitar a individualidade, os limites e as diferenças do parceiro, mesmo durante os conflitos, é fundamental para a saúde do relacionamento.

4. Demonstrar Apreciação:

Expressar gratidão e apreciação pelo parceiro regularmente fortalece os vínculos emocionais e promove sentimentos de amor e carinho.

5. Investir Tempo e Energia:

Dedique tempo e energia para passar momentos de qualidade juntos, compartilhando interesses, hobbies e experiências que fortalecem a conexão emocional.

Reconhecendo Relacionamentos Tóxicos

É importante estar ciente dos sinais de relacionamentos tóxicos, que podem prejudicar nossa saúde emocional e bem-estar. Alguns sinais de alerta incluem:

- Falta de comunicação ou comunicação abusiva.

- Desrespeito pelos limites pessoais.

- Falta de apoio emocional ou manipulação emocional.

- Sentimentos persistentes de tristeza, raiva ou insatisfação no relacionamento.

Conclusão

Relacionamentos saudáveis são uma fonte vital de apoio emocional, crescimento pessoal e felicidade. Ao cultivarmos conexões autênticas baseadas na comunicação aberta, respeito mútuo e apoio mútuo, fortalecemos não apenas nossos relacionamentos, mas também nossa própria saúde emocional e bem-estar geral. Que este capítulo inspire os leitores a valorizar e nutrir seus relacionamentos, construindo conexões verdadeiras e significativas que enriqueçam suas vidas.

Capítulo 14:

O Impacto das Redes Sociais: Realidade ou Ilusão?

Capítulo 14: O Impacto das Redes Sociais: Realidade ou Ilusão?

As redes sociais tornaram-se uma parte ubíqua da vida moderna, influenciando a forma como nos comunicamos, nos relacionamos e percebemos o mundo ao nosso redor. Neste capítulo, vamos explorar o impacto das redes sociais em nossa saúde mental, autoimagem e relacionamentos, bem como estratégias para navegar de forma saudável nesse ambiente digital.

O Mundo das Redes Sociais

As redes sociais oferecem uma plataforma para compartilhar experiências, conectar-se com outras pessoas e acessar informações em tempo real. No entanto, também podem criar uma realidade distorcida, onde as pessoas tendem a exibir apenas os aspectos positivos de suas vidas, criando uma percepção de que todos estão vivendo vidas perfeitas e felizes.

O Efeito da Comparação Social

Um dos principais impactos das redes sociais é o fenômeno da comparação social. Ao serem expostas às versões idealizadas da vida de outras pessoas, muitas vezes apresentadas nas redes sociais, as pessoas podem sentir-se inadequadas ou insatisfeitas com suas próprias vidas. Isso pode levar a sentimentos de inveja, baixa autoestima e depressão.

A Pressão pela Perfeição

As redes sociais também podem perpetuar a cultura da perfeição, onde as pessoas se sentem pressionadas a apresentar uma imagem idealizada de si mesmas. Isso pode levar a um ciclo de autoexigência e autocrítica, onde as pessoas se esforçam para manter uma fachada de perfeição, mesmo que isso signifique esconder seus verdadeiros sentimentos e experiências.

Impacto na Saúde Mental

Estudos têm demonstrado uma ligação entre o uso excessivo de redes sociais e problemas de saúde mental, como ansiedade, depressão e solidão. O constante bombardeio de informações e a pressão social podem sobrecarregar nosso cérebro e afetar negativamente nossa saúde emocional e bem-estar geral.

Navegando de Forma Saudável

Embora as redes sociais tenham seus desafios, também podem ser uma fonte valiosa de conexão e suporte social. Aqui estão algumas estratégias para navegar de forma saudável no mundo das redes sociais:

1. Estabeleça Limites:

Defina limites claros para o tempo gasto nas redes sociais e reserve momentos semanais para desconectar e recarregar.

2. Seja Seletivo:

Selecione cuidadosamente quem você segue e interage nas redes sociais, optando por conteúdo que seja inspirador, informativo e positivo.

3. Pratique a Conscientização:

Esteja ciente de como as redes sociais estão afetando seu humor e autoestima, e dê passos para reduzir ou eliminar o uso se estiver causando impacto negativo em sua vida.

4. Cultive Relacionamentos Offline:

Priorize relacionamentos offline significativos e invista tempo em atividades que promovam a conexão cara a cara com amigos e familiares.

5. Promova a Autenticidade:

Seja autêntico e genuíno em suas próprias postagens, compartilhando não apenas os momentos positivos, mas também os desafios e experiências da vida real.

Conclusão

As redes sociais têm um impacto significativo em nossa vida diária, moldando nossas interações sociais, percepções de nós mesmos e saúde mental. Ao reconhecer os desafios associados ao uso das redes sociais e implementar estratégias para navegar de forma saudável nesse ambiente digital, podemos maximizar os benefícios das redes sociais enquanto minimizamos seus efeitos negativos em nosso bem-estar emocional e mental. Que este capítulo sirva como um guia para os leitores no uso consciente e equilibrado das redes sociais em suas vidas.

Capítulo 15:

Autoestima: Construindo uma Base Sólida

Capítulo 15: Autoestima: Construindo uma Base Sólida

A autoestima é um aspecto fundamental do bem-estar emocional e da saúde mental. Neste capítulo, vamos explorar o que é autoestima, sua importância em nossas vidas e estratégias para construir e manter uma autoestima saudável e positiva.

Compreendendo a Autoestima

A autoestima refere-se à avaliação subjetiva que fazemos de nós mesmos. Envolve nossos sentimentos de autovalor, autoaceitação e autoconfiança. Uma autoestima saudável é caracterizada por sentimentos de valor próprio, respeito próprio e uma atitude positiva em relação a si mesmo.

A Importância da Autoestima

A autoestima desempenha um papel crucial em quase todos os aspectos de nossas vidas, incluindo:

1. Bem-estar Emocional:

Uma autoestima positiva está associada a níveis mais baixos de ansiedade, depressão e solidão.

2. Relacionamentos Saudáveis:

Pessoas com uma autoestima saudável tendem a estabelecer relacionamentos mais saudáveis e satisfatórios, baseados no respeito mútuo e na comunicação aberta.

3. Realização Pessoal:

Uma autoestima elevada está relacionada a uma maior motivação, resiliência e capacidade de alcançar metas pessoais e profissionais.

4. Saúde Mental:

Manter uma autoestima positiva pode reduzir o risco de desenvolver transtornos mentais, como depressão e ansiedade.

Construindo uma Autoestima Saudável

A autoestima não é algo que nasce conosco, mas sim algo que pode ser cultivado e fortalecido ao longo da vida. Aqui estão algumas estratégias para construir e manter uma autoestima saudável:

1. Pratique a Autocompaixão:

Trate-se com gentileza e compaixão, reconhecendo suas imperfeições e aceitando-se como você é.

2.Identifique e Desafie Pensamentos Negativos:

Esteja ciente de pensamentos autocríticos e negativos e desafie-os com pensamentos mais realistas e positivos.

3. Defina Metas Realistas:

Estabeleça metas alcançáveis e comemore suas realizações, por menores que sejam.

4. Aceite-se Incondicionalmente:

Aceite-se incondicionalmente, reconhecendo que você é digno de amor e respeito, independentemente de suas realizações ou falhas.

5. Pratique o Autoconhecimento:

Conheça suas habilidades, pontos fortes e áreas de crescimento, e use esse conhecimento para construir uma imagem positiva de si mesmo.

6. Cuide de Si Mesmo:

Priorize o autocuidado, incluindo exercícios físicos regulares, alimentação saudável, sono adequado e tempo para relaxar e recarregar.

7. Cultive Relacionamentos Positivos:

Cerque-se de pessoas que o apoiam, valorizam e encorajam, e afaste-se daqueles que minam sua autoestima.

8. Desenvolva Habilidades Sociais:

Pratique habilidades sociais, como comunicação eficaz, assertividade e resolução de conflitos, para construir relacionamentos saudáveis e satisfatórios.

Superando Obstáculos

Construir uma autoestima saudável pode ser desafiador e exigir tempo e esforço. Alguns dos obstáculos comuns que podem surgir incluem:

- Pensamentos autocríticos persistentes.

- Comparação constante com os outros.

- Experiências passadas de rejeição ou fracasso.

- Influências externas, como mídia e cultura, que promovem padrões irrealistas de beleza e sucesso.

No entanto, ao reconhecer e enfrentar esses obstáculos com compaixão e determinação, podemos superá-los e fortalecer nossa autoestima.

Conclusão

A autoestima é uma pedra angular do bem-estar emocional e da saúde mental. Ao cultivarmos uma autoestima saudável e positiva, podemos promover uma maior felicidade, resiliência e satisfação em nossas vidas. Que este capítulo inspire os leitores a valorizar-se, respeitar-se e cultivar uma relação amorosa e compassiva consigo mesmos, construindo assim uma base sólida para uma vida significativa e realizada.

Capítulo 16:

Praticando a Gratidão: Mudando a Perspectiva

Capítulo 16: Praticando a Gratidão: Mudando a Perspectiva

A gratidão é uma poderosa ferramenta para promover o bem-estar emocional, reduzir o estresse e cultivar uma maior apreciação pela vida. Neste capítulo, vamos explorar o que é gratidão, seus benefícios para a saúde mental e estratégias para incorporar a prática da gratidão em nossas vidas diárias.

Compreendendo a Gratidão

A gratidão é a emoção de reconhecer e valorizar as coisas boas que temos na vida, sejam elas grandes ou pequenas. Envolve uma apreciação consciente pelas bênçãos, experiências e pessoas que nos cercam. A prática da gratidão não se limita apenas a expressar obrigado, mas também envolve um profundo sentido de reconhecimento e humildade diante da vida.

Benefícios da Prática da Gratidão

A prática regular da gratidão está associada a uma série de benefícios para a saúde mental e emocional:

1. Redução do Estresse:

A gratidão ajuda a reduzir os níveis de estresse, promovendo uma maior sensação de calma e tranquilidade.

2. Aumento da Felicidade:

Apreciar as coisas boas da vida nos faz sentir mais felizes e satisfeitos com o que temos.

3. Melhoria da Saúde Mental:

Estudos mostram que a gratidão está associada a uma menor incidência de depressão, ansiedade e outros problemas de saúde mental.

4. Fortalecimento de Relacionamentos:

Expressar gratidão pode fortalecer os relacionamentos, promovendo sentimentos de conexão, apreço e amor entre as pessoas.

5. Promoção da Resiliência:

A gratidão pode aumentar nossa capacidade de enfrentar adversidades, permitindo que encontremos valor e significado mesmo nas situações mais difíceis.

Estratégias para Cultivar a Gratidão

Existem muitas maneiras de incorporar a prática da gratidão em nossas vidas diárias:

1. Manter um Diário de Gratidão:

Reserve alguns minutos todas as noites para escrever três coisas pelas quais você é grato. Isso pode ser tão simples quanto o sol brilhando ou uma conversa significativa com um amigo.

2. Praticar a Apreciação:

Ao longo do dia, preste atenção aos pequenos momentos de beleza, bondade e generosidade ao seu redor e tome um momento para apreciá-los plenamente.

3. Expressar Gratidão:

Não tenha medo de expressar sua gratidão aos outros. Um simples obrigado pode ter um impacto significativo nas pessoas ao seu redor.

4. Fazer uma Caminhada da Gratidão:

Ao caminhar ou praticar exercícios ao ar livre, concentre-se na beleza da natureza ao seu redor e sinta gratidão pela oportunidade de estar presente nesse momento.

5. Criar um Ritual de Gratidão:

Estabeleça um ritual diário ou semanal para expressar gratidão, como uma oração de agradecimento antes das refeições ou uma conversa em família sobre as coisas boas que aconteceram durante o dia.

Superando Obstáculos

Embora a prática da gratidão ofereça muitos benefícios, também pode haver obstáculos que dificultam a incorporação dessa prática em nossas vidas:

- Negatividade Persistente:

Quando nos sentimos presos em padrões de pensamento negativos, pode ser desafiador encontrar espaço para a gratidão.

- Falta de Tempo:

Em meio a uma vida agitada, pode parecer difícil encontrar tempo para praticar a gratidão de forma consistente.

- Ceticismo ou Descrença:

Algumas pessoas podem ser céticas em relação à eficácia da prática da gratidão, o que pode impedi-las de experimentá-la plenamente.

No entanto, ao reconhecer esses obstáculos e dedicar-se à prática da gratidão com persistência e comprometimento, podemos superá-los e colher os benefícios transformadores dessa prática.

Conclusão

A gratidão é uma poderosa ferramenta para promover o bem-estar emocional, reduzir o estresse e cultivar uma maior apreciação pela vida. Ao cultivarmos uma atitude de gratidão em nossas vidas diárias, podemos aumentar nossa felicidade, fortalecer nossos relacionamentos e encontrar significado e propósito em cada momento. Que este capítulo inspire os leitores a abraçar a prática da gratidão e a transformar suas vidas através do poder da apreciação e reconhecimento das bênçãos que os cercam.

Capítulo 17:

A Arte de Dizer Não: Definindo Limites Saudáveis

Capítulo 17: A Arte de Dizer Não: Definindo Limites Saudáveis

Dizer não é uma habilidade essencial para manter limites saudáveis, preservar o bem-estar emocional e promover relacionamentos autênticos. Neste capítulo, exploraremos a importância de dizer não, os desafios associados a essa habilidade e estratégias para comunicar limites de forma assertiva e respeitosa.

Por que Dizer Não é Importante

Dizer não é fundamental para proteger nossa energia, tempo e saúde mental. Quando dizemos sim a tudo e a todos, corremos o risco de sobrecarregar nossas próprias necessidades e comprometer nosso bem-estar emocional. Dizer não nos permite estabelecer limites saudáveis, honrar nossos valores e priorizar o que é verdadeiramente importante em nossas vidas.

Os Desafios de Dizer Não

Para muitas pessoas, dizer não pode ser desafiador devido a uma variedade de fatores, incluindo:

Medo de Desapontar:

O medo de desapontar os outros ou de ser rejeitado pode nos levar a dizer sim, mesmo quando queremos dizer não.

Desejo de Agradar:

O desejo de agradar aos outros e de ser bem visto pode nos levar a aceitar compromissos e responsabilidades que não queremos assumir.

Conflito Interno:

Sentimentos de culpa, ansiedade ou desconforto podem surgir ao confrontar a necessidade de dizer não, especialmente quando isso envolve dizer não a pessoas próximas a nós.

Estratégias para Dizer Não de Forma Saudável

Dizer não de forma assertiva e respeitosa requer prática e habilidade. Aqui estão algumas estratégias para comunicar limites de maneira eficaz:

Seja Claro e Direto:

Comunique sua decisão de forma clara e direta, sem desculpas ou justificativas excessivas.

Use uma Linguagem Firme, mas Gentil:

Mantenha uma postura firme ao comunicar seu não, mas faça-o com gentileza e empatia pelos sentimentos da outra pessoa.

Ofereça uma Alternativa, se Apropriado:

Se possível, ofereça uma alternativa ou sugestão para ajudar a pessoa a encontrar uma solução alternativa.

Pratique o Autoconhecimento:

Conheça seus próprios limites, necessidades e prioridades, para que você possa tomar decisões alinhadas com seus valores e objetivos pessoais.

5. **Aprenda a Dizer Não Sem Culpa:** Reconheça que é impossível agradar a todos o tempo todo e que dizer não é uma parte saudável e necessária de estabelecer limites pessoais.

Lidando com Reações Negativas

É importante estar preparado para possíveis reações negativas ao dizer não, como resistência, decepção ou até mesmo raiva por parte da outra pessoa. Lembre-se de que suas necessidades e limites são válidos e dignos de respeito, e não se sinta culpado por honrá-los. Mantenha-se firme em sua decisão e lembre-se de que é saudável e necessário estabelecer limites pessoais.

Praticando o Autocuidado

Dizer não também é uma forma de autocuidado. Ao estabelecer limites saudáveis e dizer não quando necessário, estamos protegendo nossa própria energia e preservando nosso bem-estar emocional. Priorizar o autocuidado nos permite recarregar, recuperar e estar disponível para os outros de uma maneira mais autêntica e compassiva.

Conclusão

Dizer não é uma habilidade valiosa que nos permite estabelecer limites saudáveis, proteger nossa energia e preservar nosso bem-estar emocional. Embora possa ser desafiador no início, praticar a arte de dizer não nos capacita a honrar nossas próprias necessidades, prioridades e valores. Que este capítulo inspire os leitores a reconhecer a importância de dizer não, a superar os desafios associados a essa habilidade e a comunicar limites de forma assertiva e respeitosa em suas vidas.

Capítulo 18: Transformação Pessoal: Pequenos Passos, Grandes Resultados

Capítulo 18: Transformação Pessoal: Pequenos Passos, Grandes Resultados

A transformação pessoal é um processo contínuo de crescimento, aprendizado e evolução que nos permite alcançar nosso potencial máximo e viver uma vida mais significativa e satisfatória. Neste capítulo, vamos explorar o que é transformação pessoal, os benefícios de embarcar nessa jornada e estratégias para implementar mudanças positivas em nossas vidas.

Compreendendo a Transformação Pessoal

A transformação pessoal é o processo de fazer mudanças conscientes e deliberadas em nós mesmos, em nossas crenças, comportamentos e estilo de vida, com o objetivo de alcançar um maior nível de felicidade, plenitude e realização. Envolve autoconhecimento, autoaceitação e autodesenvolvimento contínuo.

Benefícios da Transformação Pessoal

Embarcar na jornada de transformação pessoal pode trazer uma série de benefícios significativos para nossa vida:

Crescimento Pessoal:

A transformação pessoal nos desafia a sair da nossa zona de conforto, enfrentar nossos medos e expandir nossos limites, promovendo assim um crescimento pessoal significativo.

Maior Autoconsciência:

Ao explorar nossas próprias motivações, valores e crenças, desenvolvemos uma maior compreensão de quem somos e do que realmente queremos da vida.

Melhoria nos Relacionamentos:

A transformação pessoal nos permite cultivar relacionamentos mais autênticos e significativos, baseados na comunicação aberta, respeito mútuo e empatia.

Aumento da Resiliência:

Ao desenvolver habilidades de enfrentamento e adaptabilidade, nos tornamos mais capazes de lidar com os desafios e adversidades da vida.

Maior Senso de Propósito: Ao alinhar nossas ações com nossos valores e paixões, encontramos um maior senso de propósito e significado em nossas vidas.

Estratégias para Implementar Mudanças Positivas

Estabeleça Metas Realistas:

Identifique áreas específicas em sua vida que você gostaria de melhorar e estabeleça metas claras e alcançáveis para orientar seu processo de transformação.

Pratique a Autoaceitação:

Aceite-se incondicionalmente, reconhecendo que a transformação pessoal não se trata de se tornar perfeito, mas sim de se tornar a melhor versão de si mesmo.

Cultive o Autoconhecimento:

Explore suas próprias motivações, valores e crenças, utilizando ferramentas como a meditação, o journaling e a terapia para desenvolver uma maior autoconsciência.

Desenvolva Hábitos Positivos:

Identifique hábitos saudáveis e positivos que possam apoiar sua jornada de transformação pessoal, como exercícios regulares, alimentação saudável e práticas de autocuidado.

Busque Apoio:

Não tenha medo de pedir ajuda e apoio de amigos, familiares, mentores ou profissionais de saúde mental ao longo de sua jornada de transformação pessoal.

Pratique a Gratidão:

Cultive uma atitude de gratidão em sua vida, reconhecendo e apreciando as bênçãos e oportunidades que você tem.

Superando Obstáculos

Embora a transformação pessoal possa ser incrivelmente gratificante, também pode ser acompanhada por desafios e obstáculos. Alguns dos obstáculos comuns que podem surgir incluem:

Medo do Fracasso:

O medo de não alcançar nossos objetivos pode nos impedir de dar os primeiros passos em direção à transformação pessoal.

Resistência à Mudança: É natural sentir resistência à mudança, especialmente quando ela envolve sair da nossa zona de conforto e enfrentar o desconhecido.

Autocrítica Excessiva:

A autocrítica excessiva pode minar nossa confiança e autoestima, tornando mais difícil acreditar em nosso potencial de crescimento e transformação.

No entanto, ao reconhecer esses obstáculos e adotar uma abordagem compassiva e perseverante em relação à transformação pessoal, podemos superá-los e continuar avançando em direção a uma vida mais plena e satisfatória.

Conclusão

A transformação pessoal é um processo contínuo de crescimento, aprendizado e evolução que nos permite alcançar nosso potencial máximo e viver uma vida mais significativa e realizada. Ao cultivarmos uma mentalidade de abertura, autenticidade e autodesenvolvimento, podemos transformar não apenas nossas próprias vidas, mas também o mundo ao nosso redor. Que este capítulo inspire os leitores a abraçar a jornada de transformação pessoal e a dar os primeiros passos em direção a uma vida mais plena e satisfatória.

Capítulo 19:

O Equilíbrio entre Corpo e Mente: Uma Abordagem Holística

Capítulo 19: O Equilíbrio entre Corpo e Mente: Uma Abordagem Holística

O equilíbrio entre corpo e mente é essencial para alcançar uma saúde integral e um bem-estar duradouro. Neste capítulo, exploraremos a importância de uma abordagem holística para a saúde, que reconheça a interconexão entre nossa saúde física, emocional e mental, e estratégias para promover esse equilíbrio em nossas vidas.

A Interconexão Corpo-Mente

Nossa saúde física, emocional e mental estão intrinsecamente ligadas e influenciam-se mutuamente de maneiras complexas. Por exemplo, o estresse emocional pode manifestar-se como sintomas físicos, como dores de cabeça ou problemas gastrointestinais, enquanto uma condição física crônica pode afetar nossa saúde mental e emocional.

Estratégias para Promover o Equilíbrio Corpo-Mente

Alimentação Saudável:

Uma dieta equilibrada, rica em nutrientes, é essencial para sustentar a saúde física e mental. Priorize alimentos integrais, frutas, vegetais, proteínas magras e gorduras saudáveis, enquanto limita a ingestão de alimentos processados e açúcares refinados.

Exercício Regular:

A atividade física regular não só fortalece o corpo, mas também beneficia a saúde mental, reduzindo o estresse, a ansiedade e a depressão. Encontre formas de exercício que você goste e que possa incorporar facilmente em sua rotina diária.

Sono Adequado:

O sono desempenha um papel fundamental na saúde física e mental, afetando o humor, a cognição e a função imunológica. Priorize o sono de qualidade, mantendo uma rotina regular de sono e criando um ambiente propício ao descanso.

Gestão do Estresse:

Desenvolva habilidades de enfrentamento saudáveis para lidar com o estresse, como a prática da meditação, ioga, técnicas de respiração e relaxamento muscular progressivo.

Cuidado Emocional:

Reserve tempo para cuidar de suas necessidades emocionais, seja através da terapia, conversas significativas com amigos e familiares, ou atividades criativas e de lazer que tragam alegria e satisfação.

Prática da Gratidão:

Cultive uma atitude de gratidão em relação à vida, reconhecendo e apreciando as bênçãos e oportunidades que você tem, o que promove uma perspectiva mais positiva e resiliente.

Conexão Social:

Mantenha relacionamentos significativos e saudáveis, pois a conexão social é vital para a saúde emocional e mental. Dedique tempo para estar com amigos e familiares, compartilhar experiências e oferecer apoio uns aos outros.

Busca por Propósito:

Identifique suas paixões, interesses e valores pessoais e procure maneiras de incorporá-los em sua vida diária. Ter um senso de propósito e significado é essencial para o bem-estar emocional e mental.

Integrando Corpo e Mente na Prática

Uma abordagem holística para a saúde envolve integrar essas estratégias em sua vida diária, reconhecendo a interconexão entre corpo e mente e priorizando o autocuidado e o bem-estar integral. Ao adotar um estilo de vida que promova o equilíbrio entre corpo e mente, você estará investindo em sua saúde e felicidade a longo prazo.

Superando Obstáculos

Embora promover o equilíbrio entre corpo e mente seja uma meta valiosa, pode haver obstáculos ao longo do caminho. Alguns dos obstáculos comuns incluem:

Falta de Tempo:

Uma agenda lotada pode dificultar a priorização do autocuidado e da saúde.

Hábitos Arraigados:

Mudar padrões de comportamento e estilo de vida pode ser desafiador, especialmente quando se trata de alimentação e exercício.

Resistência Interna:

Às vezes, resistimos às mudanças porque estão fora de nossa zona de conforto ou exigem esforço adicional.

No entanto, ao reconhecer esses obstáculos e adotar uma abordagem gradual e compassiva para promover o equilíbrio entre corpo e mente, podemos superá-los e cultivar uma vida de saúde integral e bem-estar duradouro.

Conclusão

O equilíbrio entre corpo e mente é fundamental para alcançar uma saúde integral e um bem-estar duradouro. Ao adotar uma abordagem holística para a saúde, que reconheça a interconexão entre nossa saúde física, emocional e mental, e implementar estratégias para promover esse equilíbrio em nossas vidas, podemos criar uma base sólida para uma vida plena e significativa. Que este capítulo inspire os leitores a priorizarem o autocuidado, a nutrição e o bem-estar integral em suas vidas, capacitando-os a alcançar seu potencial máximo de saúde e felicidade.

Capítulo 20:

Conclusão: A Jornada Continua

Capítulo 20: Conclusão: A Jornada Continua

Chegamos ao final deste guia de autoconhecimento e cura, mas a jornada de autodescoberta e crescimento pessoal é contínua. Neste capítulo final, vamos refletir sobre o que aprendemos ao longo deste livro e discutir como podemos continuar a nossa jornada em direção a uma vida mais plena e satisfatória.

Recapitulando a Jornada

Durante este livro, exploramos uma variedade de temas relacionados ao autoconhecimento, cura emocional e crescimento pessoal. Começamos por entender a importância de reconhecer a diferença entre nosso eu real e eu ideal, explorando como nossas expectativas internas moldam nossas experiências e frustrações. Em seguida, mergulhamos na psicologia da projeção e somatização, reconhecendo como nossos problemas emocionais podem se manifestar fisicamente.

Abordamos questões como dependência emocional, ansiedade e depressão, fornecendo estratégias práticas para superar esses desafios e promover uma maior saúde mental e emocional. Exploramos a importância da psicoterapia e outras formas de apoio profissional na jornada de cura e crescimento pessoal.

Além disso, discutimos habilidades essenciais, como comunicação autêntica, construção de relacionamentos saudáveis e estabelecimento de limites pessoais, reconhecendo sua importância na promoção de relacionamentos significativos e saudáveis. Também examinamos o impacto das redes sociais na formação do eu ideal e a importância de cultivar uma autoestima saudável e uma atitude de gratidão.

Por fim, exploramos a importância de uma abordagem holística para a saúde, que reconheça a interconexão entre corpo e mente, e discutimos estratégias para promover o equilíbrio em todas as áreas de nossas vidas.

Continuando a Jornada

Embora tenhamos coberto uma variedade de tópicos neste livro, é importante lembrar que a jornada de autodescoberta e cura emocional é única para cada pessoa e nunca está completa. À medida que avançamos em nossas vidas, continuamos a enfrentar desafios, crescer e aprender mais sobre nós mesmos e o mundo ao nosso redor.

Para continuar sua jornada de autodescoberta e crescimento pessoal, aqui estão algumas sugestões:

Pratique a Autocompaixão:

Seja gentil consigo mesmo e reconheça que a autodescoberta é um processo contínuo que requer paciência, amor e compaixão consigo mesmo.

Cultive uma Mentalidade de Crescimento:

Esteja aberto a novas experiências, aprendizados e oportunidades de crescimento. Veja os desafios como oportunidades para aprender e crescer, em vez de obstáculos intransponíveis.

Estabeleça Metas Alinhadas com seus Valores:

Identifique o que é realmente importante para você e estabeleça metas que estejam alinhadas com seus valores e aspirações pessoais.

Busque Apoio quando Necessário:

Não tenha medo de pedir ajuda e apoio quando necessário. Isso pode incluir a busca de terapia, a participação em grupos de apoio ou simplesmente conversar com amigos e familiares de confiança.

Crie uma Rotina de Autocuidado:

Reserve tempo regularmente para cuidar de si mesmo, seja através da prática de exercícios, meditação, hobbies ou outras atividades que tragam alegria e relaxamento.

Continue a Explorar e Aprender:

Mantenha-se curioso e aberto a novas ideias, perspectivas e experiências. A vida é uma jornada de aprendizado contínuo, e sempre há mais a descobrir e explorar.

O Futuro da Jornada

À medida que você continua sua jornada de autodescoberta e crescimento pessoal, lembre-se de que você é o autor de sua própria história e tem o poder de criar a vida que deseja. Este livro pode ter fornecido algumas ferramentas e *insights* para ajudá-lo ao longo do caminho, mas a verdadeira jornada está dentro de você.

Que este livro tenha sido uma fonte de inspiração, apoio e orientação em sua jornada de autodescoberta e cura emocional. Que você continue a crescer, aprender e se tornar a melhor versão de si mesmo, e que sua vida seja preenchida com amor, alegria e significado.

A jornada continua. O que você fará com ela é inteiramente com você.

referências:

BIRMAN, Joel. Economia política e economia pulsional. Cultura do narcisismo, violência e religiosidade. In: BIRMAN, Joel. Mal-estar na atualidade: a psicanálise e as novas formas de subjetivação. 4. ed. Rio de Janeiro: Civilização Brasileira, 2003.

CORDIOLI, A. V. ; GREVET, E. H.(Orgs.). Psicoterapias: abordagens atuais. 4. ed. Porto Alegre: Artmed, 2019.

ESTRUTURAS E ABORDAGENS EM PSICOTERAPIAS PSICANALÍTICAS. Autor: FIORINI, HECTOR JUAN. Editora: WMF MARTINS FONTES.